Les cahiers d'**exercices** ASSiMiL®

Espagnol

Faux-débutants

Belén Ausejo – Juan Córdoba

À propos de ce cahier

En quelque 170 exercices, les 16 chapitres de ce cahier vous permettront d'effectuer un balayage systématique et progressif des fondamentaux de la grammaire espagnole : de la prononciation des signes jusqu'à la phrase complexe, en passant par les éléments constitutifs du groupe nominal et de la phrase simple.

La formation des temps et leur emploi constituent une des grandes difficultés de l'espagnol. Ce point fait donc l'objet d'une révision particulière tout au long du cahier et un tableau récapitulatif des conjugaisons, régulières et irrégulières, figure en fin d'ouvrage.

Trois chapitres intercalés sont en outre consacrés à un travail lexical et de lecture, qui a aussi pour but de reprendre de façon active et contextuelle les différents acquis. Il s'agit donc d'une remise à niveau complète de vos connaissances de la langue, base pour de futurs approfondissements.

Enfin, ce cahier vous permet d'effectuer votre autoévaluation : après chaque exercice, dessinez l'expression de vos icônes (☺ pour une majorité de bonnes réponses, 😐 pour environ la moitié et ☹ pour moins de la moitié). À la fin de chaque chapitre, reportez le nombre d'icônes relatives à tous ces exercices et, en fin d'ouvrage, faites les comptes en reportant les icônes des fins de chapitres dans le tableau général prévu à cet effet !

Sommaire

1

Les signes et les sons

Alphabet, orthographe, prononciation

- L'alphabet espagnol compte 27 lettres, une de plus que le français : **ñ**, qui correspond à notre son [gn]. Les lettres sont féminines en espagnol : **la a**, **la b**, etc.

A a	**F efe**	**K ka**	**O o**	**T te**	**Y i griega**
B be	**G ge**	**L ele**	**P pe**	**U u**	**Z zeta**
C ce	**H hache**	**M eme**	**Q cu**	**V uve**	
D de	**I i**	**N ene**	**R erre**	**W uve doble**	
E e	**J jota**	**Ñ eñe**	**S ese**	**X equis**	

- L'orthographe espagnole est globalement plus simple que celle du français : les mots s'écrivent pratiquement comme ils se prononcent. La transcription de certains sons peut cependant poser problème aux francophones :

– **e** et **u** se prononcent respectivement [é] et [ou].
– **s,** dans **sa, se, si, so, su :** toujours dur, comme le [ss] français.
– **z,** dans **za, zo, zu :** comme le [th] anglais de *think*, la langue entre les dents.
– **c :** dans **ca, co, cu,** prononcé comme en français / dans **ce** et **ci** prononcé comme la **zeta** espagnole.
– **j, la jota :** prononcé du fond de la gorge, comme un raclement.
– **ll :** comme [lli] dans le français *million*.
– **g :** prononcé comme en français dans **ga, go, gu** / prononcé comme la **jota** dans **ge** et **gi**.

1 **En espagnol aussi, les sigles remplacent nombre de mots. Apprenez l'alphabet par cœur puis, sans le consulter, indiquez le sigle des termes suivants et comment vous le prononceriez.** Ex. : Compact Disc: CD (ce de)

a. Disco Versátil Digital: ....

b. Global Positioning System: ....

c. Documento Nacional de Identidad: ....

d. World Wide Web: ....

e. Organización No Gubernamental: ....

f. HyperText Transfer Protocol: ....

2 Après avoir lu les règles d'orthographe page 3, et sans vous y reporter de nouveau, placez les 30 mots suivants dans la case du tableau qui correspond à la transcription de leur initiale :

Calor (chaleur)
Camino (chemin)
Cero (zéro)
Ciruela (prune)
Colega (copain)
Cumpleaños (anniversaire)
Gafas (lunettes)
Gato (chat)
Gel (gel)
Girasol (tournesol)
Gitano (gitan)
Golondrina (hirondelle)
Gorra (casquette)
Guerra (guerre)

Guitarra (guitare)
Jamón (jambon)
Jirafa (girafe)
Julio (juillet)
Queso (fromage)

Quizás (peut-être)
Sal (sel)
Salsa (sauce)
Semáforo (feu)
Silla (chaise)
Sol (soleil)

Sur (sud)
Zapato (chaussure)
Zoológico (zoo)
Zorro (renard)
Zumo (jus)

COMME [SS] EN FRANÇAIS	COMME [TH] EN ANGLAIS	COMME LA JOTA ESPAGNOLE	COMME [G] DANS GO EN FRANÇAIS	COMME [K] EN FRANÇAIS

L'accent tonique (1)

- Si vous ne voulez pas passer pour un « **guiri** » *(un touriste étranger)*, évitez de laisser systématiquement tomber la voix sur la dernière syllabe : **Picasso, corrida, paella**.
- Pour les mots se terminant par une voyelle, un **-n** ou un **-s**, il faut marquer l'avant-dernière syllabe : **España**, **Honduras**, **Carmen**.
- Les mots se terminant par une consonne autre que **-n** ou **-s** portent l'accent tonique sur la dernière syllabe : **Madrid**, **amor**, **abril**.
- Lorsqu'il y a exception à ces règles ou lorsque le mot porte un accent tonique sur l'avant-avant-dernière syllabe, l'accent est écrit : **Panamá**, **Atlántico**.

3 **Comme dans l'exemple (Francia), repérez la syllabe tonique de chaque nom de pays et cochez la case qui correspond : la barre orange haute représente la tonique.**

a. Francia					✔
b. México					
c. España					
d. Portugal					
e. Perú					
f. Bélgica					
g. Canadá					
h. Argelia					
i. Suiza					
j. Brasil					

4 **Les mots suivants ont une accentuation régulière ; l'accent tonique n'est donc pas écrit. Cochez en vis-à-vis la syllabe tonique.**

a. paella
b. gambas
c. arroz
d. cerveza

e. mujer
f. salud
g. voleibol
h. Esteban

i. estadio
j. pasaporte
k. Valladolid
l. martes

5 À l'inverse, les mots suivants sont tous irréguliers : il faut donc signaler l'accent tonique. Réécrivez les mots en reportant l'accent sur la voyelle concernée.

a. frances ....
b. Cadiz ....
c. futbol ....
d. cafe ....
e. Paris ....
f. dolar ....
g. menu ....
h. sofa ....
i. sandwich ....
j. modem ....
k. vater ....
l. jamon ....

L'accent tonique (2)

- **Petit piège orthographique**

Sauf exceptions, la voyelle tonique d'un mot reste la même, quelles que soient les transformations de ce mot : par exemple, s'il s'allonge d'une syllabe pour passer au pluriel, on ne va pas faire voyager l'accent tonique ! **Par contre, l'accent écrit, lui, apparaîtra ou disparaîtra :**

– **un francés**, *un Français* / **dos franceses**, *deux Français* (l'accent écrit disparaît au pluriel)

– **un joven**, *un jeune* / **dos jóvenes**, *deux jeunes* (l'accent écrit apparaît au pluriel)

6 Ajoutez ou non l'accent écrit sur les formes du pluriel.

a. **un árbol**, un arbre → **dos arboles**
b. **un inglés**, un Anglais → **dos ingleses**
c. **un balón**, un ballon → **dos balones**
d. **un andén**, un quai → **dos andenes**
e. **un móvil**, un portable → **dos moviles**

7 Ajoutez ou non l'accent écrit sur les formes du singulier.

a. **dos alemanes**, deux Allemands → **un aleman**
b. **dos portátiles**, deux portables → **un portatil**
c. **dos papeles**, deux papiers → **un papel**
d. **dos daneses**, deux Danois → **un danes**
e. **dos mítines**, deux meetings → **un mitin**

La ponctuation

- L'espagnol a un usage particulier des points d'exclamation **(signos de admiración)** et d'interrogation **(signos de interrogación)** : on met un point d'interrogation (ou d'exclamation) à l'envers en début de phrase et ce même point à l'endroit en fin de phrase : **¿...? ¡...!**
- Pour utiliser Internet, il peut être utile de connaître le nom de quelques signes de ponctuation : **punto**, *point* ; **dos puntos**, *deux points* ; **guión**, *tiret* ; **guión bajo**, *underscore* ; **barra**, *barre* ; **barra doble**, *double barre.*
- Et aussi **arroba**, *arobase*, qui est à l'origine le nom d'une mesure de poids espagnole notée @.

8 **Interrogation ou exclamation ? Ponctuez les bulles !**

9 **Écrivez ces adresses Internet telles que vous les liriez, en détaillant notamment les signes de ponctuation.**

a. http://www.assimil.com

→ ....

b. belen_ausejo@hotmail.com

→ ....

c. juan-cordoba@gmail.com

→ ....

Bravo, vous êtes venu à bout du chapitre 1 ! Il est maintenant temps de comptabiliser les icônes et de reporter le résultat en page 128 pour l'évaluation finale.

2

Articles, noms, adjectifs et numéraux

Singulier et pluriel

- Il y a 4 articles définis : **el / los** au masculin et **la / las** au féminin. Comme en français, l'article peut prendre des formes contractées après certaines prépositions :

  – **a + el → al** (comme *à + le → au*)
  – **de + el → del** (comme *de + le → du*)

Attention : contrairement au français, la contraction ne se fait qu'au singulier : *des (de + les)* → **de los** / *aux (à + les)* → **a los.**

- Pour former le pluriel des noms et de la plupart des adjectifs, on ajoute **-s** aux mots terminés en voyelle / **-es** aux mots terminés en consonne et en **-y** :

  – **el hombre alto** *(l'homme grand)* → **los hombres altos** *(les hommes grands)*
  – **la mujer actual** *(la femme actuelle)* → **las mujeres actuales** *(les femmes actuelles)*
  – **la ley nacional** *(la loi nationale)* → **las leyes nacionales** *(les lois nationales)*

- L'article indéfini ne s'utilise qu'au singulier : **un huevo**, *un œuf* / **una manzana**, *une pomme*. Il s'efface au pluriel.

  – **¿Hay manzanas?** → *Est-ce qu'il y a des pommes ?*

- Le partitif *du, de la, des* n'existe pas en espagnol : *du vin* → **vino**.

  – *Je veux du pain* → **Quiero pan.**
  – *Veux-tu de la tortilla ?* → **¿Quieres tortilla?**

1 **Voici les titres de six films très célèbres, mais il y manque les articles (et parfois le groupe préposition + article). Ceux-ci se trouvent dans le clap ci-dessous : remettez-les à leur place.**

a. Mujeres .... borde de un ataque de nervios

b. .... cabaña .... tío Tom

c. .... señor .... anillos

d. .... guerra ... . galaxias

e. Blancanieves y .... siete enanos

f. .... libro .... selva

2 Traduisez ces phrases en complétant l'amorce.

a. Le prix de l'omelette.
El precio ....

b. Je veux de l'omelette.
Quiero ....

c. Je veux une omelette.
Quiero ....

d. Je veux des pommes.
Quiero ....

e. Le prix des œufs.
El precio ....

f. Je veux des œufs.
Quiero ....

g. Je veux du vin.
Quiero ....

h. Je veux un pain.
Quiero ....

3 Mettez ces groupes nominaux au singulier.

a. Los productos de los mercados. ➜ ....

b. Las imágenes de las ciudades. ➜ ....

c. Las leyes de los países. ➜ ....

Masculin et féminin

- « **o** » est généralement la marque du masculin des noms et « **a** » celle du féminin. Mais il y a de nombreuses exceptions courantes : **la mano**, *la main* ; **la modelo**, *le mannequin* ; **el día**, *le jour* ; **el idioma**, *la langue* ; **el problema**, *le problème*, etc.
- Les noms se terminant en **-ista** et **-ante** ont les deux genres : **el / la cantante**, *le chanteur / la chanteuse* ; **el / la deportista**, *le sportif / la sportive*.
- Lorsqu'ils désignent des êtres sexués, les noms se terminant en **-o** ont un féminin en **-a** (**el hijo / la hija**, *le fils / la fille*) et ceux finissant en **-or** font leur féminin en **-ora** (**el profesor / la profesora**, *le professeur / la professeure*).
- Les adjectifs en **-o** ont un féminin en **-a**, mais ils sont invariables en genre lorsqu'ils finissent par une consonne ou par une autre voyelle que **-o** : **la música actual,** *la musique actuelle* ; **una chica alegre,** *une jeune fille joyeuse*.

4 Complétez le tableau suivant, en donnant dans chaque cas toutes les variations en genre et en nombre.

FÉMININ SINGULIER	MASCULIN SINGULIER	FÉMININ PLURIEL	MASCULIN PLURIEL
	el estudiante serio		
la directora alegre			
		las tenistas tristes	
			los chicos simpáticos
la pianista famosa			
	el escritor interesante		
			los amigos fieles
		las cantantes actuales	

5 Saurez-vous deviner le sens de ces mots et leur associer la couleur qui leur correspond ?

a. La sangre es ....

b. Los árboles son ....

c. La leche es ....

d. Tus ojos son .... como el cielo.

e. La hierba es ....

f. Las panteras son ....

g. El jamón de york es ....

h. Los limones son ....

blanco · negro · rojo · rosa · amarillo · verde · marrón · azul

Les adjectifs de nationalité

- Les adjectifs de nationalité se terminant en **–o** font leur féminin en **–a**. Ils sont invariables en genre lorsqu'ils se terminent par une autre voyelle.
  – **polaco / polaca**, *polonais / polonaise*
  – **el amigo croata / la amiga croata**, *l'ami(e) croate*
  – **el chico canadiense / la chica canadiense**, *le garçon canadien / la fille canadienne*
  – **el estudiante magrebí / la estudiante magrebí,** *l'étudiant(e) maghrébin(e)*
- Ils portent la marque du féminin lorsqu'ils se terminent par une consonne au masculin :
  – **el profesor francés / la profesora francesa**, *le professeur français / la professeure française*
- Pour dire sa nationalité, on utilise **ser** + adjectif ; si on indique sa ville de résidence, **ser de** + nom de ville.

6 **Voici 18 étiquettes : 6 prénoms, 6 nationalités (au masculin) et 6 villes. Rédigez six phrases en associant une étiquette de prénom, une nationalité (en faisant l'accord) et une ville.** Exemple : Inés es española. Es de Barcelona.

alemán | marroquí | Fernanda | estadounidense | Rabat | Hinge

Barack | Berlín | belga | Guadalupe | portugués | mexicano

Cancún | Jacques | Bruselas | Nueva York | Samia | Lisboa

a. Barack es .... Es de ....

b. Jacques es .... Es de ....

c. Samia es .... Es de ....

d. Fernanda es .... Es de ....

e. Hinge es .... Es de ....

f. Guadalupe es .... Es de ....

Les numéraux

- De zéro à 29, les chiffres s'écrivent en un seul mot. À partir de 30, le groupe « dizaine + unité » s'écrit en trois mots, avec un **y** *(→ et)* intercalé.

0 cero	**10 diez**	**20 veinte**	**30 treinta**
1 uno	**11 once**	**21 veintiuno**	**31 treinta y uno**
2 dos	**12 doce**	**22 veintidós**	**32 treinta y dos…**
3 tres	**13 trece**	**23 veintitrés**	**40 cuarenta**
4 cuatro	**14 catorce**	**24 veinticuatro**	**50 cincuenta**
5 cinco	**15 quince**	**25 veinticinco**	**60 sesenta**
6 seis	**16 dieciséis**	**26 veintiséis**	**70 setenta**
7 siete	**17 diecisiete**	**27 veintisiete**	**80 ochenta**
8 ocho	**18 dieciocho**	**28 veintiocho**	**90 noventa**
9 nueve	**19 diecinueve**	**29 veintinueve**	**100 cien**

- **Cien** devient **ciento** entre 101 et 199 **(ciento uno, ciento dos, … ciento noventa y nueve)**. Il reste **cien** quand il multiplie un nombre **(cien mil, cien millones…)**
- À partir de 200, les centaines sont considérées comme des adjectifs et s'accordent donc en genre : **doscientos amigos, trescientas cincuenta amigas.**

100 cien, ciento	**600 seiscientos, as**
200 doscientos, as	**700 setecientos, as**
300 trescientos, as	**800 ochocientos, as**
400 cuatrocientos, as	**900 novecientos, as**
500 quinientos, as	**1000, 2000 mil, dos mil, etc.**

7 **Écrivez les opérations écrites sur le tableau et leur résultat en toutes lettres en espagnol : más (+), menos (–), por (x), entre (:), igual (=).**

a. ……………………………………

……………………………………

b. ……………………………………

……………………………………

c. ……………………………………

……………………………………

d. ……………………………………

……………………………………

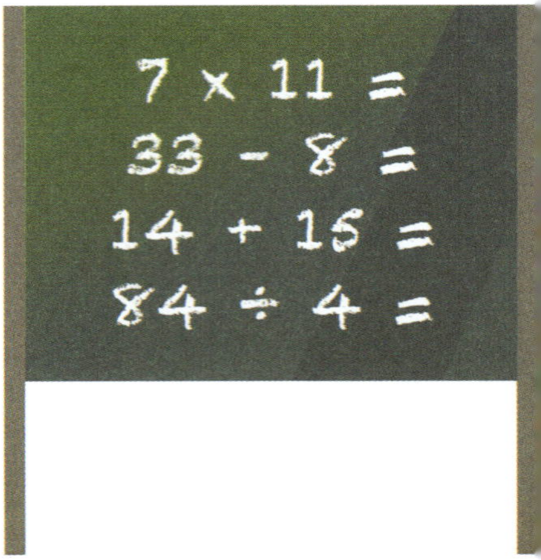

8 **Par quelles cases devez-vous passer pour sortir de ce labyrinthe ? Écrivez en toutes lettres les chiffres qui correspondent à votre trajet.**

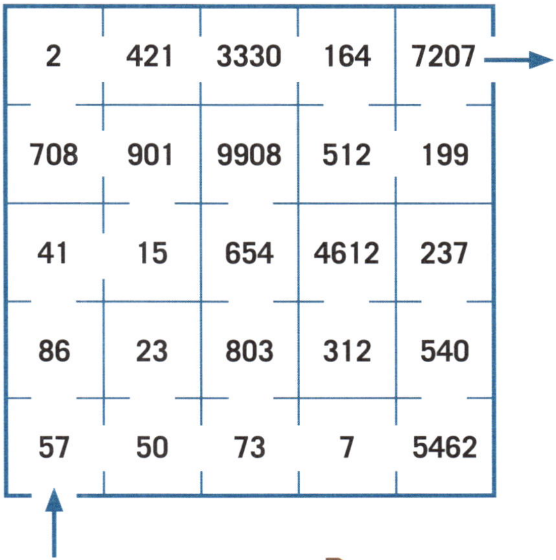

a. ....

b. ....

c. ....

d. ....

e. ....

f. ....

g. ....

h. ....

i. ....

j. ....

k. ....

l. ....

m. ....

9 **Traduisez en écrivant les chiffres en toutes lettres.**

a. 347 pommes. ➜ ....

b. 2513 amies. ➜ ....

c. 1928 omelettes. ➜ ....

Bravo, vous êtes venu à bout du chapitre 2 ! Il est maintenant temps de comptabiliser les icônes et de reporter le résultat en page 128 pour l'évaluation finale.

3
Le pronom personnel et la conjugaison

Le présent des trois modèles réguliers

- Il y a trois modèles de conjugaison réguliers, en **–ar**, en **–er** et en **–ir** (voir tableau de conjugaison pages 114-115).
- En espagnol, le pronom personnel sujet ne s'utilise que pour insister ou pour lever une ambiguïté : **canto**, *je chante* ; **yo canto**, *moi, je chante*. Dans le cas d'un verbe pronominal comme **llamarse**, *s'appeler*, on aura donc **me llamo**, *je m'appelle* et **yo me llamo**, *moi, je m'appelle*.

yo, *je*
tú, *tu*
él / ella, *il / elle*
nosotros / nosotras, *nous*
vosotros / vosotras, *vous*
ellos / ellas, *ils / elles*

1 **Traduisez ces verbes et reportez-les dans la grille. Pour vous aider, une des initiales est déjà indiquée. Verbes fournis : hablar *(parler)*, cantar *(chanter)*, bailar *(danser)*, comer *(manger)*, beber *(boire)*, leer *(lire)*, vivir *(vivre)*, escribir *(écrire)*, abrir *(ouvrir)*.**

a. Vous lisez ....

b. Nous chantons ....

c. Il écrit ....

d. Je parle ....

e. J'ouvre ....

f. Nous dansons ....

g. Ils lisent ....

h. Tu manges ....

i. Vous buvez ....

j. Nous vivons ....

2 **Retrouvez dans cette *sopa de letras* (soupe de lettres) 10 formes verbales conjuguées au présent de l'indicatif, puis réécrivez-les et traduisez-les ci-dessous. Ces formes verbales se trouvent horizontalement, verticalement ou en diagonale.**

a. .... → ....

b. .... → ....

c. .... → ....

d. .... → ....

e. .... → ....

f. .... → ....

g. .... → ....

h. .... → ....

i. .... → ....

j. .... → ....

B	A	I	L	O	U	T	X	E	I
E	R	T	A	L	H	A	B	L	E
B	O	L	L	Y	A	V	I	V	E
E	S	C	R	I	B	Í	S	T	O
M	U	A	C	H	L	O	L	O	T
O	C	N	T	O	A	B	R	E	S
S	O	T	I	U	M	B	C	H	E
O	M	A	N	G	O	E	L	F	P
T	A	N	X	Y	S	V	N	A	R

Le pronom personnel complément

- Vous avez vu les formes du pronom personnel sujet. Abordons maintenant le pronom personnel complément d'objet : direct *(je le vois)* et indirect *(je lui donne)*.
- Vous rencontrerez souvent **le** comme complément d'objet direct quand il s'agit d'une personne : **le quiero mucho** ou **lo quiero mucho**, *je l'aime beaucoup*. Cet usage n'est correct qu'au masculin singulier.
- Lorsque deux pronoms à la 3e personne se suivent, un COD et un COI, le COI devient **se** au lieu de **le** ou **les**. Autre particularité : le COI passe devant le COD, contrairement au français.

Se lo digo. — *Je le lui/leur dis.*

Se = COI, lo = COD ; le = COD, lui/leur = COI

COD		COI	
me	(me)	**me**	(me)
te	(te)	**te**	(te)
lo [le] / la	(le, la)	**le**	(lui)
nos	(nous)	**nos**	(nous)
os	(vous)	**os**	(vous)
los / las	(les)	**les**	(leur)

3 **Remplacez les mots en italique par le pronom complément qui leur correspond dans la phrase.** Modèle : Je lis *des livres.* → Je *les* lis.

a. Leo *libros.*
.... leo.

b. Compro *pan.*
....compro.

c. Como *huevos.*
....como.

d. Toco *la guitarra.*
.... toco.

e. Quiero *tortillas.*
.... quiero.

f. Canto *las canciones.*
.... canto.

g. Escribo *una carta.*
.... escribo.

h. Hablo *español.*
.... hablo.

4 **Traduisez puis, dans un deuxième temps, transformez votre traduction en remplaçant le COD en italique par le pronom personnel qui lui correspond.**

Il nous écrit *des lettres.*

a. .... cartas.

b. ....

Nous vous écrivons *un mail.*

c. .... un mail.

d. ....

Tu me lis *des livres.*

e. .... libros.

f. ....

Ils t'ouvrent *les bras.*

g. .... los brazos.

h. ....

Nous leur ouvrons *la porte.*

i. .... la puerta.

j. ....

Je lui lis *des poésies.*

k. .... poesías.

l. ....

Le pronom personnel après préposition

- Le pronom personnel peut être sujet *(je mange)*, complément d'objet *(je la vois ; il me parle)*, mais il peut aussi suivre une préposition (**pour** *moi*, **à** *toi*, ***avec*** *lui*, etc.). Il y a dans ce cas quelques formes qui changent.
- Pour la préposition **con** *(avec)*, il y a des formes spéciales aux deux premières personnes du singulier : **conmigo** *(avec moi)* et **contigo** *(avec toi)*.
- La préposition **a** est obligatoire devant un COD lorsqu'il désigne une personne : *Je vois une femme*, **Veo a una mujer**.

Préposition		Pronom
a	*(à)*	
de	*(de)*	
por	*(par)*	**mí**
para	*(pour)*	**ti**
en	*(en, dans)*	**él, ella**
sin	*(sans)*	**nosotros, nosotras**
delante de	*(devant)*	**vosotros, vosotras**
detrás de	*(derrière)*	**ellos, ellas**
antes de	*(avant)*	
después de	*(après)*	

5 Traduisez ces phrases.

a. Le livre est pour elles.

→ ....

b. Tu chantes pour moi.

→ ....

c. Nous dansons devant eux.

→ ....

d. Vous mangez après nous.

→ ....

e. Ils parlent de vous.

→ ....

f. Je mange sans toi.

→ ....

g. Il veut manger avec moi.

→ ....

6 Réécrivez les phrases proposées en y insérant une des prépositions suivantes : *delante de / antes de / después de / detrás de.*

a. Me lavo las manos XXX comer.

→ ....

b. Me lavo los dientes XXX comer.

→ ....

c. Como XXX la tele.

→ ....

d. Echo la siesta XXX comer.

→ ....

e. Se esconde *(il se cache)* XXX un árbol.

→ ....

Gustar et les verbes à construction indirecte

- **Querer** signifie *vouloir* ou *aimer d'amour* : **Quiero pan**, *Je veux du pain* ; **Te quiero**, *Je t'aime*. Pour dire *j'aime le poisson*, l'espagnol dit *le poisson me plaît* : **Me gusta el pescado**. L'accord du verbe se fait avec le sujet, au singulier ou au pluriel :

  – *Nous aimons le poisson*, **Nos gusta el pescado** (➜ *le poisson nous plaît)*
  – *Tu aimes les livres*, **Te gustan los libros** (➜ *les livres te plaisent)*

- Sur le même modèle, pour exprimer des goûts, nous aurons : **Me horroriza(n)**, *J'ai horreur de* ou **Me encanta(n)**, *J'adore*.

- Vous pouvez insister en utilisant le pronom précédé de la préposition **a** : **<u>A mí</u> me gusta comer**, *Moi, j'aime manger*. Pour une phrase négative, on ajoute **no : No me gusta**, *Je n'aime pas*.

7 **Rédigez les phrases qui correspondent aux cases marquées de ce tableau.**
Exemple case 1 : A ellos les encanta España.

	España	las gambas	los ordenadores	leer libros
ellos	♥ ♥		✸	
nosotras		♥		
yo			✸ ✸	
tú		♥ ♥		
vosotros	♥			
él				✸

♥ = gustar
♥ ♥ = encantar
✸ = no gustar
✸ ✸ = horrorizar

a. ....

b. ....

c. ....

d. ....

e. ....

f. ....

Le vous de politesse en espagnol

- Le tutoiement est courant en Espagne, mais il n'est pas automatique. Le vouvoiement s'exprime à travers la 3e personne du singulier, comme si on s'adressait à un roi en français : *Votre Majesté veut-elle que je lui apporte son croissant ?*
- Le pronom personnel sujet pour le vouvoiement est **usted** construit avec la 3e personne du singulier du verbe : **¿Quiere usted tortilla?** *Voulez-vous de l'omelette ?*
- **Usted** sert également après une préposition : **La tortilla es para usted**. *L'omelette est pour vous.*
- Le pronom complément sera celui de la 3e personne du singulier : **¿Le gusta España?** pourra donc signifier *Aime-t-il l'Espagne ?* ou *Aimez-vous l'Espagne ?* (vous de politesse). De même, **La quiero mucho** pourra se traduire par *Je l'aime beaucoup* ou *Je vous aime beaucoup*, en parlant d'une femme ou en s'adressant à elle en la vouvoyant.

8 Réécrivez ce dialogue dans les bulles de droite en le transposant au vouvoiement.

Bravo, vous êtes venu à bout du chapitre 3 ! Il est maintenant temps de comptabiliser les icônes et de reporter le résultat en page 128 pour l'évaluation finale.

4

Les possessifs, les démonstratifs, les indéfinis

Les adjectifs et pronoms possessifs

- Retenez les formes féminines **nuestra** et **vuestra** et la particularité de la 3e personne **su**, qui correspond à la fois à *son*, *sa* et *leur* :

  – **Llama a su hermana**, *Il appelle sa sœur.*
  – **Llama a su hermano**, *Il appelle son frère.*
  – **Llaman a su hermano**, *Ils appellent leur frère.*

- Le pronom possessif (*le mien, le tien, le sien, le leur...*) s'utilise comme en français :

  – **Es el mío**, *C'est le mien.*

Adjectif	Pronom
mi(s)	**el (los) mío(s), la(s) mía(s)**
tu(s)	**el (los) tuyo(s), la(s) tuya(s)**
su(s)	**el (los) suyo(s), la(s) suya(s)**
nuestro(s), nuestra(s)	**el (los) nuestro(s), la(s) nuestra(s)**
vuestro(s), vuestra(s)	**el (los) vuestro(s), la(s) vuestra(s)**
su(s)	**el (los) suyo(s), la(s) suya(s)**

1 **Complétez ces phrases en introduisant l'adjectif possessif qui convient.**

a. Tengo dos cartas. ➜ Son .... cartas.
b. Tenemos un pasaporte. ➜ Es .... pasaporte.
c. Tenéis tres guitarras. ➜ ....
d. Tienen diez móviles. ➜ ....
e. Tiene muchos colegas. ➜ ....
f. Tenéis un libro. ➜ ....
g. Tienes un perro. ➜ ....
h. Tienes dos profesores. ➜ ....
i. Tenemos dos guitarras. ➜ ....
j. Tiene un portátil. ➜ ....
k. Tengo un amigo. ➜ ....
l. Tienen un balón. ➜ ....

2 Transformez les phrases suivantes en utilisant des pronoms possessifs (le mien, le tien, etc.)

a. No es mi libro, es tu libro. → No es mi libro, es el ....

b. No son mis gafas, son tus gafas. → No son mis gafas, son ....

c. No son mis amigos, son tus amigos. → No son mis amigos, son ....

d. No es tu carta, es mi carta. → No es tu carta, es ....

e. No es tu abuela, es su abuela. → No es tu abuela, es ....

f. No son mis primas, son sus primas. → No son mis primas, son ....

g. No es tu padre, es su padre. → No es tu padre, es ....

h. No es su ordenador, es mi ordenador. → No es su ordenador, es ....

i. No son sus discos, son mis discos. → No son sus discos, son ....

« C'est à moi, c'est à lui »

- Cette formule exprimant la possession se rend en espagnol de deux manières. À toutes les personnes, au moyen de **ser** + la forme du pronom possessif sans préposition :
  - **El libro es mío**, *Le livre est à moi.*
  - **Las gafas son tuyas**, *Les lunettes sont à toi.*
  - **El perro es suyo**, *Le chien est à lui / à eux / à elle(s)*
  - **La perra es vuestra**, *La chienne est à vous.*
- À la 3e personne, on peut aussi utiliser **ser** + la préposition **de** :
  - **Es de Pedro**, *C'est à Pedro.*
  - **Es de ellas**, *C'est à elles.*

3 Traduisez ces phrases.

a. La chienne n'est pas à nous.

→ ....

b. Le portable est à moi.

→ ....

c. Les livres sont à eux. (2 possibilités)

→ ....

→ ....

d. La guitare n'est pas à toi.

→ ....

e. Les pommes ne sont pas à vous.

→ ....

f. Les disques ne sont pas à toi.

→ ....

Le possessif et le vouvoiement

- Les formes du possessif changent selon qu'on utilise le **tratamiento de tú** (*tutoiement*) ou le **tratamiento de usted** (*vouvoiement*). Dans ce cas, on passe ici aussi par la 3e personne :
  - **Es tu amigo**, *C'est ton ami.*
  - **Es su amigo, señor**, *C'est votre ami, Monsieur.*

Attention donc aux ambiguïtés !

- **Es su perro**, *C'est son chien* (un possesseur)/*C'est leur chien* (plusieurs possesseurs) / *C'est votre chien* (vous de politesse)

- Méfiez-vous aussi de la traduction du « votre » français, qui peut se rendre par **vuestro** (rapport de tutoiement) ou **su** (rapport de vouvoiement).
  - **Es vuestra casa**, *C'est votre maison* (2e personne du pluriel : tutoiement)
  - **Es su casa**, *C'est votre maison* (3e personne : vouvoiement)

4 Cochez le tratamiento qui convient dans ces différentes situations, puis formulez pour chaque phrase la possession de deux manières.

Modèle : C'est ta bière ? et Elle est à toi, la bière ?

Hablo con un colega: tratamiento de tú ☐ tratamiento de usted ☐

a. ¿Es .... cerveza? ¿Es .... la cerveza?

b. ¿Son .... gambas? ¿Son .... las gambas?

c. ¿Son .... discos? ¿Son .... los discos?

d. ¿Es .... móvil? ¿Es .... el móvil?

Hablo con mis hermanos: tratamiento de tú ☐ tratamiento de usted ☐

e. ¿Es .... libro? ¿Es .... el libro?

f. ¿Es .... consola? ¿Es .... la consola?

g. ¿Son .... patines? ¿Son .... los patines?

h. ¿Son .... camisetas? ¿Son .... las camisetas?

Hablo con la abuela de un amigo: tratamiento de tú ▢ tratamiento de usted ▢

i.	¿Es .... té?	¿Es .... el té?
j.	¿Es .... revista?	¿Es .... la revista?
k.	¿Son .... zapatos?	¿Son .... los zapatos?
l.	¿Son ....gafas?	¿Son .... las gafas?

Pronoms indéfinis à valeur nominale

- **Nada**, *rien* et **algo**, *quelque chose.*

  La construction la plus courante est semblable au français :

  – **Hay algo**, *Il y a quelque chose.* – **No hay nada**, *Il n'y a rien.*

  Nada et **algo** peuvent signifier *pas du tout* et *un peu.*

  – **No me gusta nada**, *Je n'aime pas du tout.* – **Es algo serio**, *Il est un peu sérieux.*

- **Nadie**, *personne* et **alguien**, *quelqu'un*

  Nadie a deux constructions courantes : **Nadie canta** et **No canta nadie**, *Personne ne chante.* Puisqu'ils représentent des personnes, ces mots sont précédés de la préposition **a** lorsqu'ils sont compléments d'objet direct :

  – **No quiere a nadie**, *Il n'aime personne.* – **Quiero a alguien**, *J'aime quelqu'un.*

5 **Complétez avec *nada* ou *nadie*, puis traduisez.**

a. No comprendo....................................

....

b. Aquí .... canta.

....

c. No quiero..

....

d. .... me comprende.

....

e. No comprendo a ....

....

f. No es .... simpático.

....

g. Aquí no vive ....

....

h. .... me quiere.

....

6 Complétez avec *algo* ou *alguien*, puis traduisez.

a. ¿Comprendes .... ?

....

b. ¿A .... no le gusta la paella?

....

c. ¿Quieres beber .... ?

....

d. ¿Quieres .... ?

....

e. Quiero hablar con ....

....

f. ¡ .... te llama por teléfono!

....

g. ¿Vive .... aquí?

....

h. Hablo .... de inglés.

....

Le système des démonstratifs

- En espagnol, les adjectifs démonstratifs sont étroitement liés aux adverbes de lieu :
  – **Este libro, aquí.**
  – **Esas bicicletas, ahí.**
  – **Aquel libro, allí.**
- Les mêmes formes servent pour le pronom :
  – **este**, *celui-ci.*
  – **aquellos,** *ceux-là.*
- Les trois niveaux du système s'articulent aussi avec les personnes grammaticales (je, tu, il) :
  – **Este libro es mío.**
  – **Eso que tú dices.**

	Proche de moi.	Plus loin ou proche de toi.	Encore plus loin ou proche de lui.
Adverbes	**aquí** (*ici*)	**ahí** (*là*)	**allí, allá** (*là-bas*)
Adjectifs démonstratifs	**este libro** **estos libros** **esta bicicleta** **estas bicicletas**	**ese libro** **esos libros** **esa bicicleta** **esas bicicletas**	**aquel libro** **aquellos libros** **aquella bicicleta** **aquellas bicicle-tas**
Pronoms démonstratifs neutres	**esto** (*ça, ici*)	**eso** (*ça, là*)	**aquello** (*ça, là-bas*)

- **Aquel** peut aussi indiquer un éloignement temporel :
  – **En aquel tiempo.**

7 Introduisez les adverbes de lieu adéquats dans ces phrases.

a. Me gusta bañarme ...., en esta playa.

b. Aquella playa, ..., es muy peligrosa.

c. ¿Qué es eso que llevas .... ?

d. ¿Comemos ...., en este restaurante?

e. ¿Qué es aquello que veo .... ?

f. Escribe tu número ...., en esa libreta.

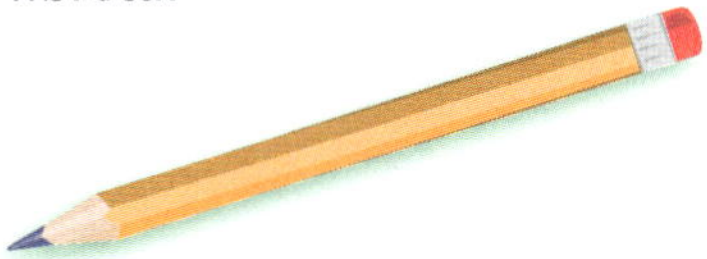

8 Traduisez les phrases de l'exercice précédent.

a. ....

....

b. ....

....

c. ....

....

d. ....

....

e. ....

....

f. ....

....

9 Complétez ces phrases avec les adjectifs démonstratifs qui conviennent.

a. ¿Es tuyo ....bolígrafo, ahí en tu mesa?

b. Quiero .... manzanas, aquí, las rojas.

c. En .... tiempos, no existían los ordenadores.

d. Yo vivo aquí, en .... casa azul.

e. Mi abuelo vive allí, en .... casa verde.

f. ¿Son vuestros .... zapatos, ahí en el suelo?

Bravo, vous êtes venu à bout du chapitre 4 ! Il est maintenant temps de comptabiliser les icônes et de reporter le résultat en page 128 pour l'évaluation finale.

5

Ser, *estar* et la forme progressive

Deux verbes « être » ?

- L'espagnol dispose de deux verbes pour dire les deux modes philosophiques de l'être : **ser** (l'être dans son essence) et **estar** (l'existence ou le devenir).
- Ce qui est essentiel (forme, identité) s'exprime par **ser**. Devant un substantif (l'expression même de l'être), ce sera donc toujours **ser** : **Es una casa**, *C'est une maison* ; **Es profesor,** *Il est professeur.* La question de l'emploi de **ser** ou **estar** ne se pose que devant un adjectif.
- Lorsque l'adjectif définit un trait de l'identité (nationalité, origine, convictions, qualités, description physique ou matérielle), on recourt à **ser** : **Es francés**, *Il est français.* Si l'adjectif renvoie à un devenir, à une circonstance (état d'âme, état physique) on utilise **estar** : **Está triste**, *Il est triste.*

SER	ESTAR
soy	estoy
eres	estás
es	está
somos	estamos
sois	estáis
son	están

1 Complétez la traduction de ces phrases en espagnol en utilisant *ser* ou *estar*.

a. Je suis espagnole.
→ .... española.

b. Tu es médecin.
→ .... médico.

c. Elle est grande.
→ .... alta.

d. Ils sont sympathiques.
→ .... simpáticos.

e. Vous êtes fatigués.
→ .... cansados.

f. Vous êtes indignées.
→ .... indignadas.

g. Nous sommes contentes.
→ .... contentas.

h. Ils sont croyants.
→ .... creyentes.

i. Tu es malade.
→ .... enfermo.

Adjectifs admettant *ser* et *estar*

- Le sens de la plupart des adjectifs fait qu'ils n'admettent qu'un des deux verbes :
  - **Es inteligente**, *Il est intelligent* (qualité)
  - **Está solo**, *Il est seul* (situation)
- Il arrive cependant qu'un double usage soit possible, mais dans ce cas le sens change, sur le fond ou subtilement, toujours en cohérence avec les valeurs de **ser** et de **estar** :
  - **Es malo**, *Il est méchant* (caractère) / **Está malo**, *Il est malade* (état de santé)
  - **El cielo es azul**, *Le ciel est bleu* (en soi) / **El cielo está azul**, *Le ciel est bleu* (aujourd'hui)

2 Identifiez la valeur du verbe « être » dans ces phrases et complétez-les avec *ser* ou *estar*.

a. Las aceitunas .... buenas para la salud. *(Les olives sont bonnes pour la santé.)*

b. Estas aceitunas .... muy buenas. *(Ces olives sont très bonnes.)*

c. Este perro .... muy vivo. *(Ce chien est très vif.)*

d. ¡El perro .... vivo! *(Le chien est vivant !)*

e. Mi padre .... muy joven. *(Mon père est très jeune d'aspect.)*

f. Mi padre .... muy joven. *(Mon père est très jeune.)*

g. Mis hermanas .... morenas.
(Mes sœurs sont brunes.)

h. Mis hermanas .... morenas.
(Mes sœurs sont bronzées.)

i. ¡Qué guapa ....!
(Que tu es belle !)

j. ¡Qué guapa ....!
(Tu t'es mise en beauté !)

Ser et *estar* : l'expression du temps et de l'espace

- Lorsqu'« être » signifie « se trouver quelque part », on utilise **estar**, car on se représente que la situation dans l'espace d'un être animé ou d'une chose est au fond un accident. La même idée vaut si on considère une abstraction (une question, un problème, etc.) :

  – **Estoy en París**, *Je suis à Paris.*
  – **Aquí está la dificultad**, *C'est ici qu'est (➔ se trouve) la difficulté.*

- En ce qui concerne le temps, si on veut dater dans l'absolu (heure, jour, saison), on emploie **ser**.

  – **Hoy es lunes**, *Aujourd'hui, c'est lundi.*
  – **Son las dos de la tarde**, *Il est deux heures de l'après-midi.*
  – **En Argentina, Navidad es en verano**, *En Argentine, Noël, c'est en été.*

- Mais on peut aussi adopter le point de vue d'une personne qui voit le temps passer : celle-ci devient alors le sujet de **estar**, suivi d'une préposition :

  – **Estamos a viernes**, *Nous sommes vendredi.*
  – **Estáis en invierno**, *Vous êtes en hiver.*

3 Identifiez par le contexte la valeur du verbe « être » dans chaque phrase et complétez-la avec *ser* ou *estar*.

a. La solución no .... evidente.

b. Nosotros .... en París.

c. El problema no .... ahí.

d. ¿Qué día .... hoy?

e. Yo .... francés, ... de París.

f. .... la una de la tarde.

g. La fiesta nacional .... el 12 de octubre.

h. ¿Qué hora ....?

i. La solución .... en el trabajo.

j. Mi cumpleaños .... en primavera.

k. No te veo: ¿dónde ....?

l. Perdón, ¿a qué día .... hoy?

m. El problema .... importante.

n. El interés de la película .... en los personajes.

o. Pedro no .... en casa.

p. .... la una de la mañana.

q. Nochebuena...................... la noche del 24 de diciembre.

Le gérondif et la forme progressive

- Le gérondif espagnol est invariable et correspond au participe présent français précédé de « en » : **cantando**, *en chantant*. Il se forme sur le radical du verbe auquel on ajoute une terminaison :

  –**ando** pour les verbes en –**ar** : **cantar → cantando**
  –**iendo** pour les verbes en –**er** et en –**ir** : **aprender → aprendiendo / escribir → escribiendo**

- Associé à un verbe conjugué, il peut avoir une valeur circonstancielle : **Viajando se aprende mucho,** *On apprend beaucoup en voyageant*. Il s'utilise beaucoup, davantage qu'en français, dans la forme progressive (**estar** conjugué + gérondif) dès qu'on considère l'action en train de se produire :

  – **Estoy trabajando**, *Je travaille (→ Je suis en train de travailler)*

4 Mettez les phrases données à la forme progressive.

a. Abro la puerta. → ....

b. ¿A quién llamáis? → ....

c. Compramos el pan. → ....

5 Retrouvez six gérondifs dans cette grille (en verticale, horizontale ou diagonale, à l'endroit ou à l'envers). Recopiez-les, puis donnez leur infinitif.

B	A	I	L	A	N	D	O	O
U	C	F	Y	B	O	I	D	D
T	U	O	H	E	U	N	N	N
R	N	U	M	B	E	D	A	A
E	D	L	A	I	T	O	C	L
D	I	L	V	E	E	N	O	B
O	T	I	O	N	A	N	T	A
N	V	T	U	D	H	A	D	H
A	E	C	N	O	C	U	R	O

Gérondif	Infinitif
....	....
....	....
....	....
....	....
....	....
....	....

6 **Utilisez les verbes que vous avez trouvés pour compléter les phrases suivantes à la forme progressive.**

a. Pedro y Juan .... una buena paella.

b. Yo .... vino y tú .... cerveza.

c. Mi hermano .... la guitarra con sus amigos.

d. Este año nosotros .... en Londres.

e. Lo que vosotros .... no es reggaetón, es cumbia.

f. ¿De qué me ....? ¡No te entiendo!

Autres usages de *ser* et *estar*

- « C'est moi, c'est toi... » : on emploie le verbe **ser** conjugué, suivi du pronom personnel.
  - **Soy yo**, *C'est moi.*
  - **Eres tú**, *C'est toi.*
  - **Es él**, *C'est lui.*
- «Est-ce que ... est là ? » : on utilise **estar** accordé à son sujet.
  - **¿Estás?**, *Tu es là ?*
  - **¿Está Pedro?**, *Est-ce que Pedro est là ?*
- Avec la préposition **de** : **ser** indique la matière, l'origine et l'appartenance ; **estar** indique une situation temporelle ou spatiale, un état d'esprit.
  - **Es de plástico**, *C'est en plastique.*
  - **Es de Madrid**, *Il est de Madrid.*
  - **Es de Pedro**, *C'est à Pedro.*
  - **Estoy de vacaciones**, *Je suis en vacances.*
  - **Estoy de pie**, *Je suis debout.*
  - **Estoy de mal humor**, *Je suis de mauvaise humeur.*

7 **Complétez ces courts dialogues avec le verbe « être » conjugué.**

a. – ¿Quién es el siguiente?

– ¡.................. yo!

b. – ¿Quiénes son los padres de este niño?

– ¡.................. nosotros!

c. – ¿Quiénes son los primeros?

– ¡.................. ellos!

d. – ¿Quién es el amo de este perro?

– ¡.................. usted!

8 Complétez ces phrases en introduisant *ser* ou *estar* conjugués à la personne qui convient.

a. Este anillo no .... de oro.

b. ¿De quién .... este anillo?

c. Tú .... de buen humor.

d. ¿Usted .... de Madrid?

e. ¿Usted .... de aquí?

f. No, nosotros no .... de aquí.

g. Nosotros .... de viaje por España.

h. Yo .... de fiesta con unos amigos.

9 *Ser* ou *estar* ? Choisissez le verbe qui convient dans ce dialogue téléphonique.

Hola, ¿**está / estás** Carmen?

Sí, **soy / estoy** yo.

¡Carmen! **Soy / Estoy** Juan, ¿cómo **estás / eres**?

¡Juan! ¡Qué contenta **estoy / soy** de hablar contigo! ¿Dónde **estás / eres**?

Estamos / somos de fin de semana en Londres Isabel y yo.

Bravo, vous êtes venu à bout du chapitre 5 ! Il est maintenant temps de comptabiliser les icônes et de reporter le résultat en page 128 pour l'évaluation finale.

6

Le présent irrégulier et la phrase simple

Verbes à diphtongue

- Le radical de certains verbes se modifie au présent de l'indicatif :

  – le **–o** devient **–ue** (**dormir → duermo**, **duermes**, *je dors*, *tu dors...*)
  – le **–e** devient **–ie** (**entender → entiendo**, **entiendes**, *je comprends*, *tu comprends...*)

- La transformation ne se produit qu'au présent et ne concerne pas les deux premières personnes du pluriel (voir tableau pages 114-115). Ces verbes existent en fait également en français. Exemple : *je viens*, *tu viens*, *il vient*, *nous venons*, *vous venez*, *ils viennent*.

- Ils peuvent appartenir aux trois groupes :

  – en **–ar** : **contar** *(compter, raconter)*, **cerrar** *(fermer)*, **sentarse** *(s'asseoir)*, **pensar en** *(penser à)*, **acordarse de** *(se souvenir de)*
  – en **–er** : **entender** *(comprendre)*, **volver** *(revenir)*, **poder** *(pouvoir)*, **perder** *(perdre)*
  – en **–ir** : **divertirse** *(s'amuser)*, **mentir** *(mentir)*

1 **Introduisez le verbe diphtongue qui convient dans chacune des phrases, en le conjuguant à la personne indiquée.**

acordarse
cerrar
contar
entender
dormir
sentarse
mentir
pensar
volver
poder
perder
divertirse

a. Los niños .... frecuentemente a sus padres.

b. Yo .... mucho con la consola.

c. Cuando .... del trabajo, estoy muy cansado.

d. Cuando estamos lejos, no .... de las personas.

e. ¿Tú .... lo que te estoy explicando?

f. Te quiero mucho y .... mucho en ti.

g. ¿Vosotros .... la puerta con llave cuando salís?

h. La clase comienza cuando los alumnos ....

i. Los abuelos siempre .... historias a sus nietos.

j. Nosotros .... mucho tiempo jugando con la Play.

k. ¡Solo tiene dos años y ya .... contar hasta diez!

l. ¿Vosotros .... la siesta por las tardes?

Verbes en -go et en -zco

- Dix verbes espagnols très usuels ont une première personne du singulier de l'indicatif présent en **–go**. Le reste de la conjugaison de ces verbes peut être régulier ou non, mais il n'est pas affecté par cette forme.

– **caer** *(tomber)* ➜ **caigo**, **caes**…
– **hacer** *(faire)* ➜ **hago**, **haces**…
– **poner** *(mettre)* ➜ **pongo**, **pones**…
– **tener** *(avoir)* ➜ **tengo**, **tienes**…
– **valer** *(valoir)* ➜ **valgo**, **vales**…
– **decir** *(dire)* ➜ **digo**, **dices**…
– **oír** *(entendre)* ➜ **oigo**, **oyes**…
– **salir** *(sortir)* ➜ **salgo**, **sales**…
– **traer** *(apporter)* ➜ **traigo**, **traes**…
– **venir** *(venir)* ➜ **vengo**, **vienes**…

- Les verbes terminés à l'infinitif en **–acer**, **–ecer**, **–ocer**, **–ucir** ont également une première personne du singulier de l'indicatif présent irrégulière, en **–zco**. Le reste de la conjugaison de ces verbes n'est pas affecté.
Exception : le verbe **hacer** (voir point précédent).

– **conocer** *(connaître)* : **conozco**, **conoces**…
– **nacer** *(naître)* : **nazco**, **naces**…
– **parecer** *(sembler, paraître)* : **parezco**, **pareces**…
– **conducir** *(conduire)* : **conduzco**, **conduces**…

2 **Répondez à ces questions, à la première personne du singulier et à la forme négative.**

a. ¿Conoces Barcelona?
➜ No, no ……………………………

b. ¿Oyes algo?
➜ No, no ……………………………

c. ¿Sales a pasear?
➜ ……………………………

d. ¿Te pones la gabardina?
➜ ……………………………

e. ¿Conduces bien?
➜ ……………………………

f. ¿Haces algo?
➜ ……………………………

g. ¿Dices algo?
➜ ……………………………

h. ¿Tienes dinero?
➜ ……………………………

i. ¿Vienes conmigo?
➜ ……………………………

j. ¿Traduces del inglés?
➜ ……………………………

k. ¿Me reconoces?
➜ ……………………………

l. ¿Me obedeces?
➜ ……………………………

L'interrogation

- La formule « est-ce que ? » n'a pas d'équivalent en espagnol : quand une phrase interrogative commence par **¿Es que...?**, c'est qu'elle contient une valeur d'insistance. Dans une phrase simple, c'est la ponctuation à l'écrit et l'intonation à l'oral qui signifieront l'interrogation.

  – **¿No lo sabes?**, *Tu ne le sais pas ?*
  – **¿Es que no lo sabes?**, *Tu ne le sais donc pas ?*

- Dans une phrase complexe, l'ordre des mots et la ponctuation ne sont pas fixes.

  – **¿Es tu hermano el que está hablando? / ¿El que está hablando es tu hermano? / El que está hablando, ¿es tu hermano?**, *Celui qui parle, c'est ton frère ?*

- Les mots interrogatifs sont des adverbes invariables ou des pronoms et des adjectifs qui s'accordent avec le nom qu'ils représentent ou accompagnent. Ils portent toujours l'accent tonique écrit.

  – **¿Cómo?**, *Comment ?*
  – **¿Por qué?**, *Pourquoi ?*
  – **¿Qué?**, *Que ? Quoi ?*
  – **¿Cuánto(s)? / ¿Cuánta(s)?**, *Combien de ?*
  – **¿Dónde?**, *Où ?*
  – **¿Cuándo?**, *Quand ?*
  – **¿Cuál(es)?**, *Quel(s) ? / Quelle(s) ?*
  – **¿Quién(es)?**, *Qui ?*

3 **Écrivez pour chaque bulle la question correspondante.**

....
....
....
a. ¡Estoy muy bien!

....
....
....
b. Cuesta veinte euros.

....
....
....
c. Mi coche es el verde.

....
....
....
d. Mi cumpleaños es el 12.

....
....
....
e. Mis zapatos son los marrones.

....
....
....
f. Nosotros somos los padres de este niño.

g. Quiero poca leche.

……………………
……………………
……………………

h. Quiero una cerveza.

……………………
……………………
……………………

i. Tengo dos hermanos.

……………………
……………………
……………………

j. Tengo una hermana.

……………………
……………………
……………………

k. Vivo en Sevilla.

……………………
……………………
……………………

l. ¡Yo soy el siguiente!

……………………
……………………
……………………

L'exclamation

- Comme pour l'interrogation, les mots exclamatifs ont un accent tonique écrit. L'exclamation peut porter sur un seul mot :
  - **qué** + adjectif ou nom (si on parle d'une qualité) : **¡Qué tonto!**, *Comme c'est bête !*, **¡Qué coche!**, *Quelle voiture !*
  - **cuánto** + verbe : **¡Cuánto come!**, *Qu'est-ce qu'il mange !*
  - **cuánto(s)** ou **cuánta(s)** + nom (si on considère une quantité) : **¡Cuántos libros!**, *Que de livres !*
- Elle peut porter à la fois sur un nom et un adjectif. Dans ce cas, la formule sera : **¡Qué** + nom / **más** (ou **tan**) + adjectif**!**
  - **¡Qué cosa más rara!**, *Quelle étrange chose !*
  - **¡Qué película tan bonita!**, *Quel beau film !*
- Elle peut aussi porter sur toute une phrase. L'ordre des mots est alors fixe : groupe exclamatif + verbe + sujet inversé. La traduction de ces phrases semble peu naturelle en français, mais elles sont tout à fait courantes en espagnol.
  - **¡Qué caro es este coche!**, *Comme cette voiture est chère !*
  - **¡Cuánto trabajo tienen los alumnos!**, *Comme les élèves ont du travail !*
  - **¡Qué casa más bonita tiene Juan!**, *Comme Juan a une jolie maison !*

4 Complétez ces exclamations avec le mot qui convient, en l'accordant si nécessaire.

a. ¡............................ habla mi suegra!

b. ¡......... difíciles son estos problemas!

c. ¡............. amigas tienes en facebook!

d. ¡........................ alta es esta chica!

e. ¡........................ duermen los bebés!

f. ¡.................. perros hay en esta casa!

g. ¡................................. tarde venís!

h. ¡............... dinero tiene este hombre!

5 Exprimez une exclamation à partir de ces groupes nom + adjectif

Ex : Un livre très intéressant. → Quel livre intéressant !

a. Un libro muy interesante.

→ ....

b. Una perra muy simpática.

→ ....

c. Unas playas muy bonitas.

→ ....

d. Unos coches muy rápidos.

→ ....

6 Transformez ces phrases déclaratives en phrases exclamatives.

Ex : Cet enfant semble très fatigué. → Comme cet enfant semble fatigué !

a. Este niño parece muy cansado.

→ ....

b. Estoy muy cansado.

→ ....

c. Tienes un aspecto muy cansado.

→ ....

d. Miguel tiene un perro muy listo.

→ ....

e. Mis amigos cuentan cosas muy divertidas.

→ ....

f. Usted escribe libros muy interesantes.

→ ....

g. Los españoles comen muy tarde.

→ ....

La comparaison : infériorité, égalité, supériorité

- Les comparatifs de supériorité et d'infériorité se construisent comme en français :

– **Eres más alto que yo**, *Tu es plus grand que moi.*
– **España es menos poblada que Francia**, *L'Espagne est moins peuplée que la France.*

- Pour le comparatif d'égalité, il y a deux formes.

– **tan** [devant un adjectif] **como** : **Estoy tan cansado como tú**, *Je suis aussi fatigué que toi.*
– **tanto(s)**, **tanta(s)** [devant un nom] **como** : **Tengo tantas hermanas como hermanos**, *J'ai autant de sœurs que de frères.*

- Il y a quatre comparatifs irréguliers, pour les adjectifs **bueno**, **malo**, **grande** et **pequeño**. Les comparatifs de ces deux derniers adjectifs servent également pour l'âge.

– **mejor(es)**, *meilleur(s), meilleure(s)*
– **mayor(es)**, *plus grand(s), plus grande(s)*
– **peor(es)**, *pire(s)*
– **menor(es)**, *plus petit(s), plus petite(s)*

7 Complétez ces phrases en vous servant des comparatifs irréguliers de l'espagnol.

a. José tiene cuarenta y cinco años, Pedro cincuenta y Juan treinta y ocho: José es .... que Juan y .... que Pedro.

b. Vivir en una ciudad es .... para las diversiones pero el aire es de .... calidad que en el campo.

8 Traduisez ces phrases.

a. Je connais moins de villes que toi.

➜ ....

b. J'ai plus de livres que lui.

➜ ....

c. La bière est aussi chère qu'en France.

➜ ....

d. Je travaille autant d'heures que toi.

➜ ....

e. Il travaille autant que moi.

➜ ....

f. Ils sont aussi grands que bêtes.

➜ ....

Bravo, vous êtes venu à bout du chapitre 6 ! Il est maintenant temps de comptabiliser les icônes et de reporter le résultat en page 128 pour l'évaluation finale.

Lexique et lecture 1 : identité et famille

Nom, prénom, adresse, profession

- **El nombre** est un faux ami : il signifie *le prénom*. Le *nom de famille* se dit **el apellido** ou **los apellidos** au pluriel, car les Espagnols portent traditionnellement un nom double : celui de leur père et celui de leur mère.
- Curiosités : au verso du **DNI** (**Documento Nacional de Identidad**), on trouve aussi mention du prénom des parents. Le sexe se note **M** (**mujer**) et **V** (**varón**).
- Il existe un certain nombre d'abréviations pour les noms de voies : **calle** (*rue*) se note souvent **C/** ; **avenida** (*avenue*) devient **Avda.** ; et **plaza** (*place*) se raccourcit en **Pza.** Quand on écrit une adresse, le numéro se place après le nom de la rue : **C/ San Miguel, 19**, parfois même simplement **San Miguel, 19**.
- **¿En qué trabajas?** ou **¿A qué te dedicas?** (*À quoi te consacres-tu ?*) sont les deux questions les plus courantes pour interroger quelqu'un sur sa situation professionnelle.

1 Ordonnez ce dialogue en numérotant les phrases de 1 à 6.

- ☐ Soy de Madrid.
- ☐ ¿A qué te dedicas?
- ☐ Hola, me llamo Ana, y tú, ¿cómo te llamas?
- ☐ Encantada. Soy argentina. Y tú, ¿de dónde eres?
- ☐ Trabajo en un hospital, soy enfermero.
- ☐ Hola, yo soy Luis. Encantado.

2 **En vous appuyant sur ces cartes de visite, associez chaque question à sa réponse par une flèche.**

¿Cómo se llama el fotógrafo?	Vive en Acapulco.
¿A qué se dedica Rosana Bisbal Antón?	Es el 933547677.
¿Dónde vive la abogada?	Se llama Ángel Ruiz Pellicer.
¿Cuál es el número de teléfono del periodista?	Es comercial.

3 **Voici quatre phrases associées aux mêmes cartes de visite. Rédigez la question qui correspond à chacune.**

a. ....

Se llama Eusebio Vivas Pérez.

b. ....

Es fotógrafo.

c. ....

Vive en Madrid.

d. ....

Es el 7574767946.

Noms de famille en Espagne

- Tous les Espagnols ne s'appellent pas **Martínez** ou **González**, même si cette terminaison en **–ez** est en effet fréquente. Il s'agit d'une désinence archaïque qui signifie « fils de » : « fils de Martín, fils de Gonzalo ». Mais le nom de famille le plus courant est...

Un peu de vocabulaire pour vous aider :

- cada : **chaque**
- mismo : **même**
- usuario : **usager**
- todo : **tout**
- otro(s) tanto(s), otra(s) tanta(s) : **tout autant**
- tras : **après**

Un país de Marías y Garcías

Seis millones de mujeres se llaman María y tres millones de hombres José

María para ellas. José para ellos. Son los nombres que más abundan en la población de España. Incluyendo los nombres compuestos (María del Carmen, María del Mar...), lo llevan 274 de cada mil mujeres. Entre los 22,5 millones de hombres, ocurre lo mismo con José, con tres millones de usuarios (130 de cada mil españoles). Y de apellido, sobre todo García: lo lleva en primer lugar en torno a un millón y medio de personas. Para otras tantas es el segundo. O sea, que consta en el DNI de siete de cada 100 residentes en España. Y tras García, González, Fernández y Rodríguez (cada uno de ellos lo llevan de primero casi 900.000 personas).

4 **Cherchez l'équivalent des phrases a et b dans le texte, puis traduisez les phrases c et d.**

a. 274 femmes sur mille ➜ ....

b. 7 résidents sur 100 ➜ ....

c. Un homme sur dix ➜ ....

d. Trois femmes sur quatre ➜ ....

5 **Pour chacune des phrases ci-dessous, cochez l'affirmation adéquate : vrai ou faux.**

	VERDADERO	FALSO
a. Unas 900.000 personas se apellidan Rodríguez de primer apellido. ➜	☐	☐
b. Unas 900.000 personas se apellidan García Rodríguez. ➜	☐	☐
c. 1.500.000 personas se llaman García de primer apellido. ➜	☐	☐
d. 1.500.000 personas se llaman García de segundo apellido. ➜	☐	☐
e. 3.000.000 personas se llaman García de primer apellido. ➜	☐	☐
f. 3.000.000 personas se llaman García de segundo apellido. ➜	☐	☐

L'importance du prénom

Pour les Espagnols, **la onomástica** d'une personne, *la fête*, est aussi importante que **el cumpleaños**, *l'anniversaire*. L'usage du diminutif est fréquent (**Pedrito** pour **Pedro**, **Isabelita** pour **Isabel**...) et certains prénoms subissent même des déformations dans la langue familière : **Pepe** pour **José**, **Paco** pour **Francisco**, **Lola** pour **Dolores**, etc.

Un peu de vocabulaire pour vous aider :

- siglo : **siècle**
- hasta : **jusqu'à**
- seguir, seguido : **suivre, suivi**

LOS NOMBRES: UN SIGLO DE MODAS

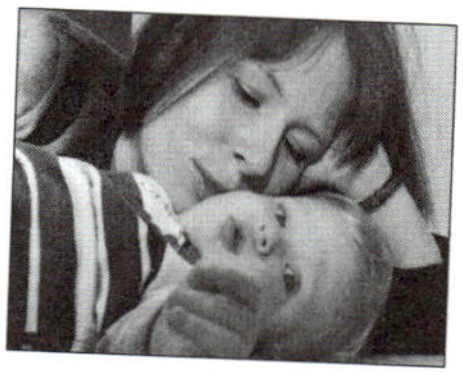

Entre comienzos del siglo XX y finales de los años treinta, los nombres más frecuentes para las mujeres son María (campeón absoluto) y Carmen. Con los hombres, José es el nombre más habitual hasta los cuarenta. En los años cincuenta y sesenta Antonio fue el preferido, combinado con José. En los setenta, David se convierte en líder absoluto hasta comienzos del siglo XXI. A partir de 2000, Alejandro es el bautismo más frecuente, seguido por Daniel, Pablo o Adrián.

6 **Remplissez le tableau suivant en y reportant les informations contenues dans l'article :**
— une croix si le prénom est dominant dans la décennie concernée.
— deux s'il est en deuxième position ou suivantes.
— aucune s'il n'y a pas d'informations pour la décennie.

	1900 1910	1910 1920	1930 1940	1940 1950	1950 1960	1960 1970	1970 1980	1980 1990	1990 2000	2000 ....
Adrián										
Alejandro										
José Antonio										
Daniel										
David										
José										
Pablo										

7 **Cherchez l'équivalent des phrases a, b, c dans l'article, puis traduisez les phrases d, e, f.**

a. Le XXIe siècle ➜ ....

b. Le début du XXe siècle ➜ ....

c. La fin des années trente ➜ ....

d. Jusqu'à la fin des années cinquante ➜ ....

e. À partir du début des années quatre-vingt ➜ ....

f. Le XXe siècle ➜ ....

Famille et belle-famille

Les Espagnols distinguent **la familia**, *la famille directe*, de la **familia política**, *la belle-famille.* Dans le cadre des familles recomposées, les mots du dictionnaire sont devenus désuets : pour *beau-père*, *belle-mère*, *demi-frère* ou *demi-sœur*, on ne parle pratiquement plus jamais dans ce contexte de **padrastro**, **madrastra**, **hermanastro** ou **hermanastra**, qui véhiculent une connotation déplaisante. On se sert de périphrases (**el marido de mi madre**, **la mujer de mi padre**) et on dit tout simplement **mi hermano**, **mi hermana**, sans plus d'explications.

Un peu de vocabulaire pour vous aider :

- père, mère : **padre, madre**
- frère, sœur : **hermano, hermana**
- oncle, tante : **tío, tía**
- neveu, nièce : **sobrino, sobrina**
- cousin, cousine : **primo, prima**
- grand-père, grand-mère : **abuelo, abuela**
- petit-fils, petite-fille : **nieto, nieta**
- beau-frère : **cuñado**
- belle-sœur : **cuñada**
- gendre : **yerno**
- belle-fille : **nuera**
- beau-père : **suegro**
- belle-mère : **suegra**

8 **Apprenez le nom des relations de parenté. Puis, sans les consulter à nouveau, faites l'exercice : vous devez déduire le prénom de chaque membre de cette famille en vous appuyant sur les informations fournies. Reportez-le sous le visage qui lui correspond.**

a. Paula no tiene hermanos.

b. Javier es el yerno de Carmen.

c. Antonio es el tío de Paula.

d. Andrés es el sobrino de Antonio.

e. Juan es el nieto de José.

f. Lucía es la hermana mayor (aînée) de Dolores.

g. Dolores y Luisa son primas.

h. Rocío es la cuñada de Lorenzo.

i. María es la madre de Lucía.

Bravo, vous êtes venu à bout du chapitre Lexique et lecture 1 ! Il est maintenant temps de comptabiliser les icônes et de reporter le résultat en page 128 pour l'évaluation finale.

7

Nuances de l'action et présent irrégulier

La répétition

- **Il existe en espagnol de nombreuses périphrases verbales : elles rendent compte de diverses nuances de l'action, en particulier l'expression du temps. La répétition, par exemple, ne s'exprime guère par le préfixe « re » comme en français : on recourt surtout à la formule** volver a **(verbe à diphtongue conjugué) + infinitif.**

– Vuelvo a decir, *Je redis.*
– Volvemos a cantar, *Nous chantons de nouveau.*

- **On peut rendre la même idée au moyen des tournures adverbiales** de nuevo **ou** otra vez.

– Canto de nuevo, *Je chante de nouveau.*
– Me duermo otra vez, *Je me rendors.*

1 Reformulez l'idée de répétition contenue dans ces phrases en remplaçant la tournure adverbiale par une périphrase verbale. Conservez bien la personne grammaticale donnée dans la phrase de départ.

a. **Llama de nuevo a su hijo.**

➜ ....

b. **Contáis otra vez la misma historia.**

➜ ....

c. **El niño miente otra vez.**

➜ ....

d. **Nazco de nuevo.**

➜ ....

e. **Cierran de nuevo la puerta.**

➜ ....

f. **Estamos juntos otra vez.**

➜ ....

g. **Trabajan de nuevo en Madrid.**

➜ ....

h. **Usted viaja a España otra vez.**

➜ ....

i. **Somos amigos de nuevo.**

➜ ....

j. **Leemos otra vez este libro.**

➜ ....

L'habitude

- **Pour parler d'une action habituelle, on se sert du verbe diphtongue** soler **conjugué, suivi d'un infinitif. Il existe là aussi des tournures adverbiales équivalentes :** a menudo, *souvent* ; con frecuencia, *fréquemment* ; habitualmente, *habituellement*.

  – Suelo ir a la piscina. / Voy a menudo a la piscina, *Je vais souvent à la piscine.*
  – Suelen cenar a las diez. / Cenan habitualmente a las diez, *D'ordinaire, ils dînent à dix heures.*

2 Reformulez l'idée d'habitude contenue dans ces phrases en remplaçant la tournure adverbiale par une périphrase verbale. Conservez bien la personne grammaticale donnée dans la phrase de départ.

a. **Mi abuelo se acuerda a menudo de mí.**

→ ....

b. **Conduzco a menudo una moto.**

→ ....

c. **Pierdes tus llaves con frecuencia.**

→ ....

h. **Comes habitualmente a las tres.**

→ ....

i. **¿Sales con frecuencia a bailar?**

→ ....

j. **Estamos a menudo en casa.**

→ ....

d. **Me siento a menudo en este banco.**

→ ....

e. **Hacemos deporte con frecuencia.**

→ ....

f. **Habitualmente usted entiende rápido.**

→ ....

g. **Habláis a menudo francés.**

→ ....

Verbes à affaiblissement

- **Le « triangle vocalique » figure le degré d'ouverture des voyelles : A est la plus forte, la plus ouverte ; I et U sont les plus faibles ou fermées ; E et O occupent une position intermédiaire.**

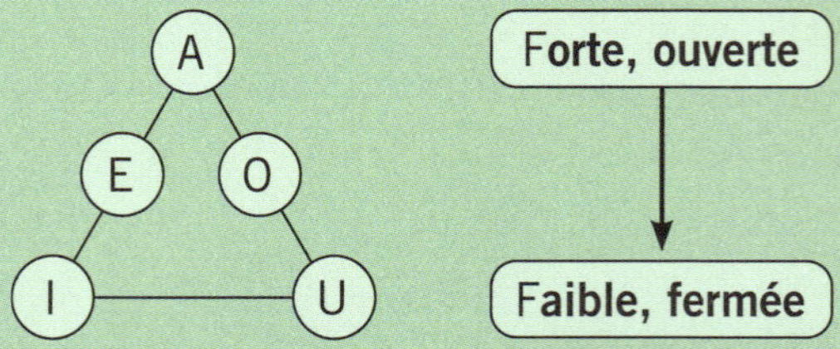

- **On parle de verbes « à affaiblissement » lorsqu'un radical terminé en** –e **s'affaiblit en** –i **à certaines formes. Cette transformation concerne exclusivement les verbes du 3**[e] **groupe en** –ir. **Exemple :** pedir, *demander*. **Au présent de l'indicatif, le radical** ped- **devient** pid-, **sauf aux deux premières personnes du pluriel :** pido, pides, pide, pedimos, pedís, piden.
- **Quelques autres verbes à affaiblissement :** despedirse, *prendre congé* ; medir, *mesurer* ; reír, *rire* ; repetir, *répéter* ; servir, *servir* ; sonreír, *sourire* ; vestir, *vêtir*, *porter*.

3 **Barrez les six formes fausses de la conjugaison de *reír* au présent de l'indicatif, puis réécrivez toute la conjugaison correcte du verbe dans l'ordre.**

Présent de l'indicatif de ***reír***

....

....

....

....

....

....

ríes — reímos — reín

reís — riemos — río

rien — reo — reí

riéis — ríe — rees

4 **Voici sept verbes à affaiblissement. Introduisez-les dans la phrase qui convient selon le sens, en les conjuguant au présent de l'indicatif.**

medir — vestir — servir — despedirse — pedir — sonreír — repetir

a. ¿Por qué ....? ¿Pensáis en algo divertido?

b. Tú, ¿cómo .... de la gente: das un beso o das la mano?

c. Mi hermano .... un metro noventa.

d. Nosotros siempre .... pantalones vaqueros.

e. Los niños siempre .... dinero a los padres.

f. Camarero, ¿me .... usted una cerveza, por favor?

g. Si no .... muchas veces la conjugación, no me acuerdo.

5 Traduisez ces formes verbales.

a. **Je sers :** ....

b. **Nous répétons :** ....

c. **Tu demandes :** ....

d. **Il prend congé :** ....

e. **Ils mesurent :** ....

f. **Vous riez, monsieur :**

....

g. **Vous souriez, mes amis :**

....

h. **Je porte (vêtir) :** ....

Quelques particularités de la conjugaison

- Decir, **on l'a vu, est un verbe irrégulier à la première personne du singulier du présent de l'indicatif. Pour le reste de sa conjugaison, il se comporte comme un verbe à affaiblissement :** digo, dices, dice, decimos, decís, dicen.
- **Attention à l'orthographe des verbes dont le radical se termine en** –g **ou** –gu, **comme** seguir, *suivre* **ou** elegir, *choisir*. **C'est la prononciation qui commande et l'orthographe doit suivre :**

  – **le** –g **peut devenir** –j **:** elijo, *je choisis* **(le reste de la conjugaison n'est pas concerné)**
  – **le** –gu **peut devenir** –g **:** sigo, *je suis*, *je continue* **(le** –gu **se maintient aux autres personnes)**
- **Le gérondif des verbes à affaiblissement subit lui aussi la transformation :**

  – pedir, *demander* → pidiendo, *en demandant*
  – decir, *dire* → diciendo, *en disant*

6 Reformulez ces phrases à la forme progressive.

a. ¿Qué dices? → ....

b. ¿Por qué sonríe usted? → ....

c. Mis hermanas se visten. → ....

d. No pedimos nada. → ....

e. Repito la lección. → ....

f. No medís bien. → ....

g. Se despide de la abuela. → ....

7 Complétez ces phrases en introduisant les verbes *seguir* ou *elegir* conjugués.

a. Entre París y Londres yo .... París.

b. ¿ .... o abandonáis la carrera?

c. Usted .... muy bien los colores con que viste.

d. Estoy cansado: no ....

e. Entre carne y pescado, nosotros .... pescado.

f. Es un perro fiel: siempre .... a su amo.

g. Los gatos son independientes: no .... a nadie.

h. .... a tus amigos pero no a tus familiares.

La continuité de l'action : *seguir* + gérondif

- **Pour signifier qu'une action commencée dans le passé se poursuit dans le présent, l'espagnol utilise la périphrase verbale composée de** seguir **conjugué + gérondif.**

  – Sigo trabajando en el turismo, *Je continue à travailler dans le tourisme.*
  – Seguimos viviendo en Madrid, *Nous vivons toujours à Madrid.*

- **À la place de la périphrase, on peut recourir aux adverbes de temps** aún **et** todavía**, qu'on traduira selon le contexte par** *toujours* **et** *encore*.

  – Vivimos aún en Madrid, *Nous vivons toujours à Madrid.*
  – ¿Todavía estás trabajando?, *Tu es encore au travail ?*

8 **Supprimez les adverbes de temps et reformulez les phrases au moyen de la tournure exprimant la continuité de l'action. Gardez bien la personne grammaticale donnée dans la phrase de départ.**

a. **Aún escribo a mano.** → ....

b. **Todavía existen personas sin ordenador.** → ....

c. **Mi vieja pluma aún sirve.** → ....

d. **Y tú, ¿todavía usas pluma y papel?** → ....

e. **Usted aún hace las cosas como antes.** → ....

f. **Aún sois fieles al pasado.** → ....

g. **Todavía sonreímos con las películas de Charlot.**

→ ....

Bravo, vous êtes venu à bout du chapitre 7 ! Il est maintenant temps de comptabiliser les icônes et de reporter le résultat en page 128 pour l'évaluation finale.

8

Le subjonctif présent

Le subjonctif présent (formation et emploi)

- **Le subjonctif présent s'utilise dans les subordonnées qui rendent compte d'un souhait** (quiero que..., *je veux que...*) **et dans la subordonnée de but** (para que..., *pour que...*).
- **Le radical est celui de la 1re personne du singulier de l'indicatif présent. Pour la terminaison, on permute la voyelle : les verbes en** –ar **ont un subjonctif en** –e, **et les verbes en** –er **ou** –ir **un subjonctif en** –a **:**

– cantar: cante, cantes, cante, cantemos, cantéis, canten
– comer: coma, comas, coma, comamos, comáis, coman
– subir: suba, subas, suba, subamos, subáis, suban

- **Si la 1re personne de l'indicatif présent est particulière, tout le subjonctif présent s'en ressent (verbes en** –go, **en** –zco **et verbes à affaiblissement).**

– decir: diga, digas, diga, digamos, digáis, digan
– conocer: conozca, conozcas, conozca, ...
– pedir: pida, pidas, pida, ...

- **Exception: les verbes à diphtongue suivent tous les radicaux de l'indicatif.**

– contar: cuente, cuentes, cuente, contemos, contéis, cuenten

1 **Complétez ce tableau du subjonctif présent en y reportant les infinitifs et les formes conjuguées qui manquent.**

infinitif	yo	tú	él, ella, usted	nosotros, nosotras	vosotros, vosotras	ellos, ellas
cantar						
						escriban
	salga					
		vistas				
				pensemos		
			lea			
					conozcáis	

2 **Servez-vous des formes verbales du tableau que vous avez rempli pour compléter les phrases suivantes.**

a. Hola, abuela, este libro es para ti, para que lo .... pensando en mí.

b. Quiero que vosotros le .... una bonita carta a la abuela.

c. A la abuela no le gusta Mario: no quiere que su nieta .... con él.

d. La abuela quiere que nosotros .... bien para su cumpleaños.

e. Queremos que usted también .... a la abuela.

f. La abuela me llama muy a menudo para que siempre .... en ella.

g. La abuela quiere que sus nietos le .... la canción del cumpleaños feliz.

3 **Même si *Papá Noel* gagne du terrain, les petits Espagnols écrivent davantage aux Rois Mages, *los Reyes Magos*, pour demander des cadeaux qui leur sont remis le 6 janvier. Dans cette lettre, soulignez les quatre verbes au présent du subjonctif.**

Queridos Reyes Magos:

Soy un niño bueno y obediente que quiere mucho a sus padres. Por eso quiero que me traigáis un tren eléctrico muy grande, con muchos vagones para que pueda jugar con todos mis amigos.
Ah, si es posible, también quiero que vengáis antes del 6 de enero porque el 8 vuelvo al cole y mis padres no quieren que juegue cuando hay escuela.

¡Muchas gracias!
Manolito.

4 Reportez dans ce tableau la conjugaison complète au subjonctif présent des quatre verbes que vous avez relevés dans la lettre de Manolito.

infinitif				
yo				
tú				
él, ella, usted				
nosotros/as				
vosotros/as				
ellos, ellas				

L'expression du souhait et du regret

- **Le subjonctif présent s'utilise comme en français dans de nombreux autres cas, lorsqu'il s'agit par exemple d'exprimer le souhait ou le regret dans des propositions indépendantes.**
- **Pour le souhait, on se sert couramment de** ojalá **(de l'arabe hispanisé** *law šá lláh, si Dieu le veut***) suivi du subjonctif. On utilise aussi** que **+ verbe conjugué au subjonctif, qui correspond aux pseudo-impératifs français du type « Soyez heureux ! ».**

  – Ojalá pueda venir, *Pourvu qu'il puisse venir*.
  – Ojalá haga buen tiempo, *Pourvu qu'il fasse beau*.
  – ¡Que volváis pronto!, *Revenez vite !*
  – ¡Que tengas suerte!, *Bonne chance à toi !*

- **Le regret s'exprime par** Lástima que..., **ou** Qué pena que..., *Dommage que...* **+ subjonctif.**

  – Lástima que no estés aquí, *Dommage que tu ne sois pas là*.
  – Qué pena que no vengas, *Dommage que tu ne viennes pas*.

5 Traduisez ces souhaits en utilisant *que + subjonctif*.

a. **Vivez heureux !** → ....

b. **Dansez bien !** → ....

c. **Amuse-toi bien !** → ....

d. **Reviens vite !** → ....

6 Exprimez des souhaits au moyen de *ojalá* à partir des éléments fournis.

a. **ellos / tener un buen viaje.**

→ ....

b. **usted / vivir muchos años.**

→ ....

c. **yo / poder asistir a tu cumpleaños.**

→ ....

d. **vosotros / gustar esta paella.**

→ ....

e. **tú / entender el problema.** → ....

f. **nosotros / volver a España.** → ....

g. **los Reyes Magos / traer muchos regalos.** → ....

h. **tú / seguir teniendo suerte.** → ....

7 Exprimez un regret à partir de l'amorce fournie : vous devez conserver la personne grammaticale de la phrase donnée et conjuguer le verbe à la forme qui convient.

a. **No hablamos inglés. Qué lástima que no** ....

b. **No bebéis cerveza. Qué lástima que no** ....

c. **No me gusta bailar. Qué lástima que no** ....

d. **No bailas bien. Qué lástima que no** ....

e. **No conocen a mi hermana. Qué lástima que no** ....

f. **No oyes bien. Qué lástima que no** ....

g. **No sirvo para nada. Qué lástima que no** ....

h. **No sonríen nunca. Qué lástima que no** ....

L'interdiction, au tutoiement et au vouvoiement

- **Approfondissons une difficulté sur laquelle butent souvent les francophones : de même qu'il existe un** tratamiento de tú **au singulier et au pluriel, on peut appliquer un** tratamiento de usted **à une ou à plusieurs personnes. Le** *vous* **correspond donc à 3 pronoms espagnols,** vosotros**,** usted **et** ustedes **:**

– Tú eres mi amigo / Vosotros sois mis amigos.
– Usted es mi amigo / Ustedes son mis amigos.

- **Prenons le cas de l'interdiction en espagnol, qui s'exprime par** no **+ subjonctif : il y aura donc 4 possibilités de l'exprimer : le tutoiement par la 2e personne (au singulier et au pluriel) et le vouvoiement par la 3e personne (au singulier et au pluriel).**

– No cantes, *Ne chante pas.*
– No cantéis, *Ne chantez pas (en tutoyant)*
– No cante (usted), *Ne chantez pas.*
– No canten (ustedes), *Ne chantez pas.*

8 Identifiez pour chacune des bulles si on tutoie ou si on vouvoie, puis reformulez les huit phrases en changeant ce *tratamiento*, du tutoiement au vouvoiement, ou inversement.

	Tú/Vosotros	Usted/Ustedes	
a.	☐	☐	....
b.	☐	☐	....
c.	☐	☐	....
d.	☐	☐	....
e.	☐	☐	....
f.	☐	☐	....
g.	☐	☐	....
h.	☐	☐	....

a. ¡No haga eso!
b. ¡No coma paella!
c. ¡No lean ese libro!
d. ¡No cierres la puerta!
e. ¡No os sentéis aquí!
f. ¡No conduzcan tan rápido!
g. ¡No digáis palabrotas!
h. ¡No repitas esa palabra!

Les équivalents de « peut-être »

- Acaso, quizás **et** tal vez **sont suivis du subjonctif, sauf si on souhaite délibérément atténuer leur valeur dubitative :**

  – Acaso no te oiga, *Il ne t'entend peut-être pas.*
  – Quizás vuelva tarde esta noche, *Je vais peut-être rentrer tard ce soir.*
  – Tal vez no hable español, *Il ne parle peut-être pas espagnol.*

- A lo mejor**, qui a le même sens, se construit cependant toujours avec l'indicatif :**

  – A lo mejor no te oye, *Il ne t'entend peut-être pas.*

9 Reformulez ces phrases en remplaçant *a lo mejor* par *tal vez*.

a. **A lo mejor no abren por la tarde.** → ....

b. **A lo mejor no comprende el español.** → ....

c. **A lo mejor no escribís nunca cartas.** → ....

d. **A lo mejor no haces bien tu trabajo.** → ....

e. **A lo mejor no lo reconocemos.** → ....

f. **A lo mejor no me despido de ellos.** → ....

g. **A lo mejor no me entiende usted.** → ....

h. **A lo mejor no os acordáis de él.** → ....

Bravo, vous êtes venu à bout du chapitre 8 ! Il est maintenant temps de comptabiliser les icônes et de reporter le résultat en page 128 pour l'évaluation finale.

9

Conjugaisons irrégulières et emploi des modes

Quelques présents irréguliers, à l'indicatif et au subjonctif

Vous connaissez à présent les modèles réguliers et la plupart des irrégularités au présent de l'indicatif. Il existe également une série de verbes qui ont des irrégularités particulières et qu'il faut donc apprendre par cœur (voir conjugaisons pages 118-121).

- **À l'indicatif présent :**

– caber *(tenir, rentrer dans un lieu)* : quepo, cabes, cabe…
– dar *(donner)* : doy, das, da …
– ir *(aller)* : voy, vas, va …
– oír *(entendre)* : oigo, oyes, oye, oímos, oís, oyen
– saber *(savoir)* : sé, sabes, sabe…
– ver *(voir)* : veo, ves, ve…

- **Au subjonctif présent :**

– estar: esté, estés, esté … – ser: sea, seas, sea … – saber: sepa, sepas, sepa …
– ir: vaya, vayas, vaya … – ver: vea, veas, vea … – dar: dé, des, dé …

1 **Dans cette *sopa de letras*, retrouvez 11 formes conjuguées des verbes signalés dans la leçon. Écrivez d'abord leur infinitif, en commençant par les formes écrites horizontalement puis celles écrites verticalement. Cochez ensuite pour chacun le mode auquel les verbes sont conjugués dans la grille.**

Infinitif	Indicatif	Subjonctif
a.	☐	☐
b.	☐	☐
c.	☐	☐
d.	☐	☐
e.	☐	☐
f.	☐	☐
g.	☐	☐
h.	☐	☐
i.	☐	☐
j.	☐	☐
k.	☐	☐

U	V	E	E	I	S	A	E
L	V	A	Y	A	M	O	S
C	A	B	E	N	U	I	T
O	I	T	O	M	S	S	É
I	S	Y	V	U	E	T	I
G	V	S	E	P	Á	I	S
O	E	I	A	R	I	S	O
D	O	Y	N	O	S	T	I

2 **Introduisez les formes verbales que vous avez trouvées dans la *sopa de letras* à l'intérieur des phrases suivantes.**

a. Este coche es muy espacioso: .... hasta seis personas.

b. ¿Por qué .... siempre a Marbella? ¿Os gusta tanto la playa?

c. Quiero que .... en casa estudiando este fin de semana.

d. Tal vez .... a Sevilla estas vacaciones.

e. No .... dónde está esa calle, quizás lo .... vosotros.

f. ¿Por qué no me ayudáis? No .... tan perezosos.

g. Ojalá lo .... mis ojos.

h. Habla más alto, no te .... bien.

i. No te ...., ¿dónde estás?

j. Te .... un libro para tu hermano.

Les verbes à alternance au subjonctif présent

- **Nous avons vu qu'il existait deux grands groupes de verbes irréguliers au présent, les verbes à diphtongue et les verbes à affaiblissement. Certains verbes combinent les deux irrégularités : on les appelle pour cette raison « verbes à alternance ».**
- **Ces verbes se comportent comme des verbes à diphtongue normaux, mais leur radical s'affaiblit aux deux premières personnes du pluriel du subjonctif présent. Il existe deux modèles :** sentir **(le** –e **s'affaiblit en** –i**) et** dormir **(le** –o **s'affaiblit en** –u**).**
- **Voici quelques verbes à alternance courants :** divertir, mentir, preferir, sugerir **(modèle** sentir**),** morir **(modèle** dormir**)**

SENTIR	DORMIR
sienta	duerma
sientas	duermas
sienta	duerma
sintamos	durmamos
sintáis	durmáis
sientan	duerman

3 Insérez les formes verbales proposées dans les phrases ci-dessous.

a. Sois auténticos españoles: .... la siesta por la tarde.

b. Cuando su hijo le .... , el padre está furioso.

c. Si hace mal tiempo, tal vez .... quedarnos en casa.

d. Estamos acostumbrados al frío: no lo ....

e. Qué pena que los toros .... durante las corridas.

f. Ojalá .... mucho durante la fiesta.

g. No nos gusta ver películas en casa: .... salir.

h. Siempre estáis de mal humor: no .... con nada.

i. El padre no quiere que su hijo le ....

j. Pone el radiador para que no .... frío.

k. Ojalá .... bien esta noche.

l. Algunas veces son los matadores los que ....

dormís – mueren – sentimos – mueran – durmáis – os divertís – preferimos – mienta – miente – sintamos – os divirtáis – prefiramos

Le subjonctif dans la subordonnée

Après les verbes de volonté (querer que, desear que) **et ceux qui expriment le but** (para que)**, l'espagnol utilise, comme le français, le subjonctif dans la subordonnée. Il y a deux autres usages communs aux deux langues :**

- **Après une principale à la forme négative du type** no creo que..., no pienso que... **:**
  - No creo que venga, *Je ne crois pas qu'il vienne.*
  - No piensa que sea correcto, *Il ne pense pas que ce soit correct.*
- **Après une principale exprimant un sentiment ou une opinion :**
  - Me gusta que vistas bien, *J'aime que tu t'habilles bien.*
  - Me parece bien que vayas a Londres, *Je trouve que c'est une bonne chose que tu ailles à Londres.*

4 Ces deux personnes ne sont pas du même avis. Et vous, quelle serait votre opinion sur chacun des thèmes abordés ? Pour chaque couple de répliques, mettez un + sur celle que vous approuvez et un - sur celle avec laquelle vous êtes en désaccord.

5 Reprenez maintenant les cinq phrases que vous avez désapprouvées et reformulez-les en partant des amorces fournies.

Exemple pour l'échange 1 : No creo que la tecnología .... más felices a los hombres.
ou bien No creo que Internet .... completamente a la gente.

a. **No creo que** ....

b. **No pienso que** ....

c. **No estoy convencido de que** ....

d. **No estoy seguro de que** ....

e. **No es verdad que** ....

La proposition subordonnée

- **Les phrases où on déclare un fait ou une pensée** *(Je dis que…, Je pense que…)* **se construisent avec l'indicatif en espagnol comme en français. S'il s'agit d'une interrogation indirecte, le mot interrogatif porte l'accent écrit.**

  – Pienso que Ana está cansada, *Je pense qu'Ana est fatiguée.*
  – Dice que no tiene dinero, *Il dit qu'il n'a pas d'argent.*
  – Me pregunto quién es, *Je me demande qui c'est.*

- **Les tournures françaises** *« demander de…, dire de… + infinitif »* **expriment un souhait ou un ordre que l'espagnol rendra par** que **+ une subordonnée au subjonctif.**

  – Te pido que vengas rápido, *Je te demande de venir rapidement.*
  – Le dice que compre la leche, *Il lui dit d'acheter le lait.*

- **En conséquence, ne confondez pas ces deux types de phrases :**

  – Te digo que trabajo, *Je te dis que je travaille* **(indicatif, c'est un fait)**
  – Te digo que trabajes, *Je te dis de travailler* **(subjonctif, c'est un ordre)**

6 Traduisez les phrases suivantes en espagnol.

a. **Je me demande où il habite.**

→ ....

b. **Je ne sais pas pourquoi il boit.**

→ ....

c. **Je crois qu'ils ont deux enfants.**

→ ....

d. **Il me semble que tu ne travailles pas.**

→ ....

e. **Tu penses qu'il est malade ?**

→ ....

7 Traduisez les phrases suivantes.

a. **Tu me demandes de t'aider.**

→ ....

b. **Je te demande de sortir.**

→ ....

c. **Il nous demande de répéter.**

→ ....

d. **Ils nous demandent d'ouvrir.**

→ ....

e. **Vous (politesse) me demandez de chanter.**

→ ....
....

8 Traduisez les phrases suivantes en français, en utilisant « dire de » ou « dire que ».

a. El profesor nos dice que leamos libros en español.

→ ....

b. El profesor nos dice que leemos muy bien.

→ ....

c. El profesor nos dice que vamos a ver una película.

→ ....

d. El profesor nos dice que vayamos a ver películas.

→ ....

9 Selon le cas, conjuguez le verbe entre parenthèses à l'indicatif ou au subjonctif.

a. La madre le dice a su hijo que .... prudente con la moto. (ser)

b. Le pide que no .... muy rápido. (ir)

c. El hijo le dice que no .... (preocuparse)

d. Le dice que él .... siempre con prudencia. (conducir)

e. Le dice a su madre que .... tranquila. (dormir)

f. Le dice que .... dormir tranquila. (poder)

Bravo, vous êtes venu à bout du chapitre 9 ! Il est maintenant temps de comptabiliser les icônes et de reporter le résultat en page 128 pour l'évaluation finale.

10

L'ordre, l'obligation, la nécessité

L'obligation et la nécessité

- **L'obligation impersonnelle se rend par** hay que **+ infinitif,** *il faut*. **Si on exprime la personne sur laquelle porte l'obligation, on utilise** tener que **conjugué suivi de l'infinitif. On peut aussi se servir de** deber, *devoir*, **qui comporte une connotation d'obligation morale.**

– Hay que trabajar, *Il faut travailler.*
– Tienes que trabajar, *Tu dois travailler.*
– Debo ayudar a mi hermanito, *Je dois aider mon petit frère.*

- Hace falta que **+ verbe au subjonctif permet aussi d'exprimer l'obligation personnelle.** Hace(n) falta **suivi d'un simple substantif exprime le besoin de quelque chose :**

– Hace falta que trabajes mucho, *Il faut que tu travailles beaucoup.*
– Hace falta dinero para vivir, *Il faut de l'argent pour vivre.*
– Hacen falta amigos en la vida, *Il faut des amis dans la vie.*

- **« Avoir besoin de » se traduit par le verbe** necesitar **suivi d'un complément d'objet direct :**

– Necesito tu ayuda, *J'ai besoin de ton aide.*

1 **Toutes ces phrases expriment un besoin, une nécessité. Traduisez-les.**

a. **Il a besoin d'un ordinateur.** → ....

b. **As-tu besoin de moi ?** → ....

c. **Je n'ai pas besoin de toi.** → ....

d. **Avez-vous besoin d'argent, Monsieur ?** → ....

e. **Nous avons besoin de Carmen.** → ....

f. **Il faut un ordinateur pour travailler.** → ....

g. **Faut-il des lunettes de soleil ?** → ....

h. **Il faut des gambas dans la paella.** → ....

i. **Pour faire une omelette, il faut des œufs.** → ....

j. **Il faut du pain ?** → ....

2 Complétez ces phrases avec *hay que* ou *hace falta que*, puis traduisez-les.

a. ¿.............................. sentarse aquí?

→ ....

b. ¿............................ compremos pan?

→ ....

c. ¿................................ venga Pedro?

→ ....

d. No .... mentir.

→ ....

e. .... cerrar la puerta.

→ ....

f. .... vuelvas.

→ ....

g. .... viajar a menudo.

→ ....

h. .... leer libros.

→ ....

i. .... lo sepas.

→ ....

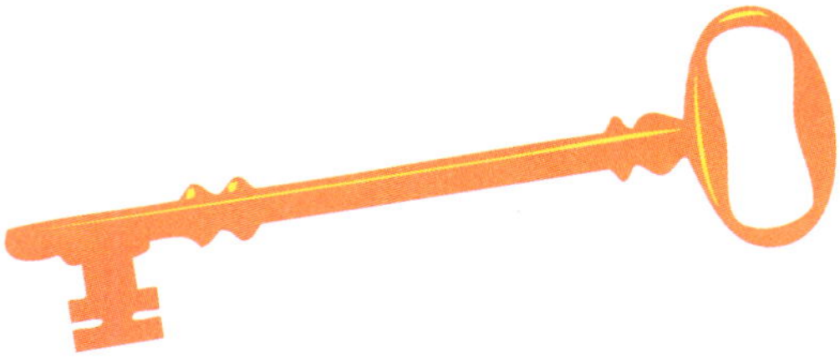

3 Exprimez ces obligations personnelles au moyen de *hace falta que*. Vous devez conserver la personne grammaticale donnée.

a. Tienen que hablar con él.

→ ....

b. Tenemos que leer este libro.

→ ....

c. Tenéis que ser pacientes.

→ ....

d. Tienes que seguir estudiando.

→ ....

4 Exprimez ces obligations personnelles au moyen de *tener que*. Vous devez conserver la personne grammaticale donnée.

a. Hace falta que hagas un esfuerzo.

→ ....

b. No hace falta que pidáis ayuda.

→ ....

c. ¿Hace falta que vaya yo?

→ ....

d. Hace falta que estemos tranquilos.

→ ....

L'impératif

L'impératif espagnol ne comporte à proprement parler que deux personnes : la 2e personne du singulier et la 2e personne du pluriel.

- **Pour le singulier, on prend la 2e personne de l'indicatif présent à laquelle on retranche le** –s **final :**

  – ¡Canta!, *Chante !* – ¡Come!, *Mange !*
  – ¡Piensa!, *Pense !* – ¡Repite!, *Répète !*

- **Pour le pluriel, on retranche le** –r **de l'infinitif, qu'on remplace par un** –d.

  – ¡Cantad!, *Chantez !* – ¡Comed!, *Mangez !*
  – ¡Pensad!, *Pensez !* – ¡Repetid!, *Répétez !*

- **Il existe 8 impératifs irréguliers à la 2e personne du singulier.**

8 IMPÉRATIFS IRRÉGULIERS

¡Haz!, *Fais !*
¡Pon!, *Mets !*
¡Ten!, *Tiens !*
¡Sal!, *Sors !*
¡Ven!, *Viens !*
¡Di!, *Dis !*
!Sé!, *Sois !*
¡Ve!, *Va !*

5 Complétez ce tableau.

INFINITIF	hablar					cerrar
Tú		di		pide		
Vosotros			haced		id	

6 Servez-vous des formes verbales du tableau ci-dessus pour compléter les phrases suivantes à l'impératif. Observez bien si on s'adresse à une seule personne *(tú)* ou à plusieurs *(vosotros)*.

a. **No os oigo: ¡ .... un poco más alto, por favor!**

b. **¡ .... la verdad! ¿Me quieres o no?**

c. **¡Niños, antes de jugar, ... los deberes para la escuela!**

d. **Isabel, ¡ .... a comprar el pan, por favor!**

e. **¡ .... bien la puerta! Os lo pido por favor.**

f. **Hoy es tu cumpleaños: .... lo que quieres comer.**

L'enclise à l'impératif

- **L'enclise consiste à accrocher un pronom personnel à une forme verbale ; elle se produit à l'impératif, aussi bien en français (par un tiret) qu'en espagnol (directement). Attention à l'accent tonique : comme il remonte d'un cran dans le mot, il va parfois s'écrire (voir chapitre 1, page 6) :**

  – ¡Háblame!, *Parle-moi !*
  – ¡Léelo!, *Lis-le !*

- **Bien sûr, si l'impératif est accompagné de deux pronoms, il y a double enclise. L'ordre des pronoms est celui de la phrase affirmative espagnole (voir chapitre 3, page 15) :**

  – ¡Dímelo!, *Dis-le moi !*
  – ¡Cuéntanoslo!, *Raconte-le nous !*
  – ¡Léeselo!, *Lis-le lui !*

- **Les verbes pronominaux sont forcément toujours concernés par l'enclise à l'impératif. Au pluriel, ils ont une particularité : le** –d **final du verbe disparaît devant le pronom.**

  – ¡Ponte aquí!, *Mets-toi ici !*
  – ¡Siéntate!, *Assieds-toi !*
  – ¡Poneos aquí!, *Mettez-vous ici !*
  – ¡Sentaos!, *Asseyez-vous !*

7 **Transformez ces phrases en remplaçant *tener que* par un impératif (en conservant la personne donnée) et les compléments en italique (COD et/ou COI) par des pronoms personnels (vous devrez alors faire l'enclise).**

Modèle phrase a : Racontez-la lui.

a. **Tenéis que contar** *esa historia a Pedro.* → ....

b. **Tienes que llamar** *a tu hermano.* → ....

c. *Te* **tienes que poner** *la gabardina.* → ....

d. **Tenéis que escribir** *diez correos.* → ....

e. **Tenéis que probar** *estas cervezas.* → ....

f. **Tienes que dar** *ese regalo a la abuela.* → ....

g. **Tienes que entender** *a Isabel.* → ....

h. **Tenéis que conducir** *este coche.* → ....

8 Reformulez l'obligation en remplaçant *tener que* par le verbe de la phrase à l'impératif.

a. **Tienes que acordarte de mí.** → ....

b. **Tenéis que acordaros de él.** → ....

c. **Tenéis que divertiros mucho.** → ....

d. **Tienes que divertirte en esa fiesta.** → ....

L'ordre au vouvoiement

- **L'impératif espagnol, comme nous l'avons vu, ne porte que sur la 2e personne du verbe, au singulier (**¡Canta!, *Chante !*) **et au pluriel (**¡Cantad!, *Chantez !*)**. La conséquence est que les formes de l'impératif ne servent qu'à tutoyer, puisque le vouvoiement implique la 3e personne en espagnol.**
- **L'ordre au vouvoiement s'exprimera donc au moyen de la 3e personne du subjonctif, au singulier et au pluriel :**

  – ¡Cante, señor!, *Chantez, Monsieur !*
  – ¡Coma, señora!, *Mangez, Madame !*
  – ¡Canten, señores!, *Chantez, Messieurs !*
  – ¡Coman, señoras!, *Mangez, Mesdames !*
- **Les verbes pronominaux seront conjugués à la 3e personne suivie de l'enclise :**

  – ¡Siéntese, señora!, *Asseyez-vous, Madame !*
  – ¡Siéntense, señoras!, *Asseyez-vous, Mesdames !*

9 Indiquez pour chacun de ces ordres quel est le *tratamiento* utilisé.

	Tratamiento de tú	Tratamiento de usted
a. **¡Venid a visitar España!**	☐	☐
b. **¡Aprenda a hablar español!**	☐	☐
c. **¡Diviértase en nuestras discotecas!**	☐	☐
d. **¡Bañaos en nuestras playas!**	☐	☐

10 Formulez l'ordre associé à chacun de ses panneaux de quatre manières : au tutoiement, singulier et pluriel / au vouvoiement, singulier et pluriel.

a. ....

b. ....

c. ....

d. ....

e. ....

f. ....

g. ....

h. ....

i. ....

j. ....

k. ....

l. ....

m. ....

n. ....

o. ....

p. ....

Bravo, vous êtes venu à bout du chapitre 10 ! Il est maintenant temps de comptabiliser les icônes et de reporter le résultat en page 128 pour l'évaluation finale.

11

Aspects de la phrase simple

Les superlatifs

- **Le superlatif absolu** *(très)* **se rend par** muy **+ adjectif. On peut aussi l'exprimer par** –ísimo(s), –ísima(s) **qui prend la place de la terminaison (quand l'adjectif se termine par une voyelle) ou s'y ajoute (quand il se termine par une consonne) :**

  – Es caro, *C'est cher.* ➜ Es muy caro **ou** Es carísimo, *C'est très cher.*
  – Son altas, *Elles sont grandes.* ➜ Son muy altas **ou** Son altísimas, *Elles sont très grandes.*
  – Es útil, *C'est utile.* ➜ Es muy útil **ou** Es utilísimo, *C'est très utile.*

- **Attention, pour qu'ils puissent conserver la même prononciation, les adjectifs qui se terminent en** –go **ou en** –co **doivent subir une modification orthographique :**

  – Es simpática. ➜ Es simpatiquísima.
  – Es amargo. ➜ Es amarguísimo.

- **Le superlatif relatif** *(le/les plus/moins…, la/les plus/moins…)* **se rend comme en français** (el/los más/menos…, la/las más/menos…) **lorsque l'adjectif est en position d'attribut, après le verbe** ser. **Si, par contre, il forme un groupe nom + adjectif épithète, l'article disparaît :**

  – Es el más alto, *C'est le plus grand.*
  – Es el hombre más alto del mundo,
  C'est l'homme le plus grand du monde.

1 Complétez l'amorce en remplaçant le segment souligné par l'autre forme du superlatif.

a. **El Amazonas es un río muy largo. Es un río** ....

b. **En el Amazonas hay muchos tipos de peces. Hay** .... **tipos de peces.**

c. **Quedan muy pocas tribus primitivas. Quedan** .... **tribus primitivas.**

d. **Amazonia es muy rica en recursos naturales. Es** .... **en recursos naturales.**

e. **La deforestación es muy peligrosa para el planeta. Es** .... **para el planeta.**

f. **Es muy importante proteger Amazonia. Es** .... **proteger Amazonia.**

2 **Reformulez les phrases suivantes sous la forme d'un « record du monde ».**
Exemple : Es una ciudad muy poblada. ➜ Es la ciudad .... del mundo.

a. **México tiene veinticinco millones de habitantes: es una ciudad muy poblada.**

➜ ....

b. **El Amazonas mide 6.800 kilómetros: es un río muy largo.**

➜ ....

c. **El colibrí cubano pesa veinte gramos: es un pájaro muy ligero.**

➜ ....

d. **Las tortugas argentinas viven ciento cincuenta años: son animales muy longevos.**

➜ ....

....

Très / beaucoup, beaucoup de / peu, peu de

- **Nous venons de voir que, lorsqu'il accompagne un adjectif,** *très* **se rend par l'adverbe invariable** muy**. Quand il accompagne un verbe,** *beaucoup* **s'exprime également par un adverbe invariable :** mucho**.**

  – Estoy muy cansado, *Je suis très fatigué.*
  – Trabajo mucho, *Je travaille beaucoup.*

- **Lorsqu'ils accompagnent un nom,** mucho(s) **et** mucha(s) **sont adjectifs et s'accordent donc en genre et en nombre :**

  – Como mucho pescado, *Je mange beaucoup de poisson.*
  – Tengo muchos amigos, *J'ai beaucoup d'amis.*
  – Escribo muchas cartas, *J'écris beaucoup de lettres.*
  – Bebe mucha cerveza, *Il boit beaucoup de bière.*

- Poco **suit le même principe : invariable avec un verbe ou un adjectif** *(peu)* **et accordé quand il accompagne un nom** *(peu de)*.

  – Voy poco al cine, *Je vais peu au cinéma.*
  – Me siento poco motivada, *Je me sens peu motivée.*
  – Tengo pocos amigos, *J'ai peu d'amis.*
  – Veo pocas películas, *Je vois peu de films.*

3 Cochez la case qui correspond au mot manquant dans chaque phrase.

	muy	mucho	muchos	mucha	muchas
a. Me gusta ……… chatear en Internet.	☐	☐	☐	☐	☐
b. Me hago ……… amigos chateando.	☐	☐	☐	☐	☐
c. Me paso ……… horas conectado.	☐	☐	☐	☐	☐
d. Para los niños, Internet puede ser ……… peligroso.	☐	☐	☐	☐	☐
e. Hay ……… información interesante en línea.	☐	☐	☐	☐	☐
f. Suelo perder ……… tiempo en Internet.	☐	☐	☐	☐	☐
g. ……… chicos juegan en línea.	☐	☐	☐	☐	☐
h. El juego en línea provoca ……… adicción.	☐	☐	☐	☐	☐

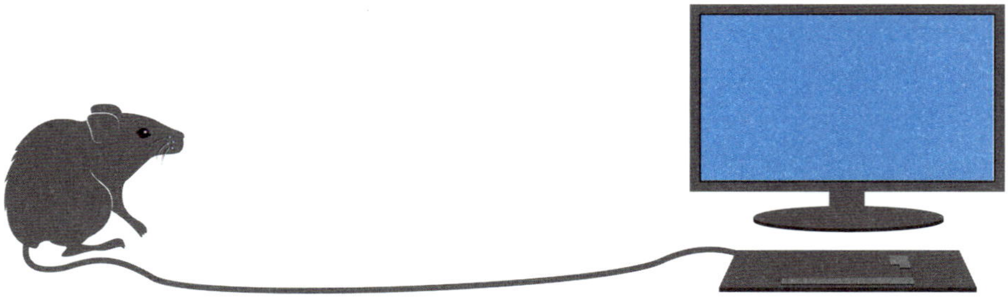

4 Traduisez ces phrases.

a. Je fais peu de sport. ➜ ……………………………………………………

b. Tu manges peu de poisson. ➜ ……………………………………………………

c. Ils sont peu sympathiques. ➜ ……………………………………………………

d. Nous sommes peu patients. ➜ ……………………………………………………

e. J'achète peu de chaussures. ➜ ……………………………………………………

f. Il mange peu de viande. ➜ ……………………………………………………

g. Tu écris peu de lettres. ➜ ……………………………………………………

h. Ce film est peu intéressant. ➜ ……………………………………………………

Autres quantificateurs : trop / assez

- Demasiado *(trop)* **et** bastante *(assez)* **suivent le modèle de** mucho **et** poco **: invariables quand ils accompagnent un verbe ou un adjectif et accordés lorsqu'ils accompagnent un nom.**

– Como demasiado, *Je mange trop.*
– Como demasiadas golosinas, *Je mange trop de sucreries.*
– La sopa está demasiado fría, *La soupe est trop froide.*

– Esta niña no come bastante, *Cette enfant ne mange pas assez.*
– No come bastantes verduras, *Elle ne mange pas assez de légumes.*
– Está bastante delgada, *Elle est assez maigre.*

5 **Dans ces bulles, une mère fait un certain nombre de reproches à son fils, comme : « *Tu joues trop à la Play !* » En suivant ce modèle de phrase, complétez les bulles.**

a. **¡Juegas .... a la Play!**

b. **¡Te pasas .... horas en Internet!**

c. **¡Te acuestas .... tarde!**

d. **¡Tienes .... amigos!**

e. **¡Soy .... paciente contigo!**

f. **¡Tienes .... libertad!**

6 **Le fils tente de se défendre : « *C'est faux ! Mes notes sont assez bonnes !* » En suivant ce modèle de phrase, complétez les bulles.**

a. **¡Mentira! ¡Mis notas son .... buenas.**

b. **¡Mentira! No tengo .... amigos.**

c. **¡Mentira! No eres .... paciente conmigo.**

d. **¡Mentira! No tengo .... libertad.**

La formation des adverbes de manière

- **Les adverbes de manière se construisent en ajoutant la terminaison** –mente **à l'adjectif au féminin. Il faut donc avoir en tête la marque du genre sur l'adjectif (voir page 9).**

– tonto, *bête* → tontamente, *bêtement*
– fuerte, *fort* → fuertemente, *fortement*
– feliz, *heureux* → felizmente, *heureusement*
– habitual, *habituel* → habitualmente, *habituellement*

- **Lorsque l'adjectif porte un accent écrit, l'adverbe qui en dérive le conserve.**

– inútil, *inutile* → inútilmente, *inutilement*
– espléndido, *splendide* → espléndidamente, *splendidement*

7 **Mettez l'adjectif donné au féminin. Puis, à partir de celui-ci, fabriquez l'adverbe en *–mente* correspondant et introduisez-le dans la phrase qui convient.**

masculin	féminin	ADVERBE
cariñoso		
ágil		
triste		
feroz		
cómodo		
único		

a. **Este perro es muy malo: ladra .... a todos los que pasan.**

b. **El perro está malo: me mira ....**

c. **El gato duerme .... en el sofá.**

d. **El gato salta .... por la ventana.**

e. **A los gatos les gusta que les acaricien.......................... .**

f. **Las jirafas viven..en África.**

Les prépositions : quelques difficultés

- **Dans les phrases du type** *Il est difficile de / important de*, **etc., la préposition** de **est absente en espagnol. Dans les phrases du type** *C'est difficile à faire / à dire*, **etc., l'espagnol emploie la préposition** de **:**

  – Es difícil aprender las conjugaciones, *Il est difficile d'apprendre les conjugaisons.*
  – Es difícil de comer, *C'est difficile à manger.*

- **Les prépositions** a **et** en **sont source de confusions pour les francophones. L'espagnol utilise** a **pour indiquer un mouvement et** en **pour dire le lieu où quelque chose se trouve :**

  – Viajo a París, *Je voyage à Paris.* – Estoy en París, *Je suis à Paris.*

8 **Complétez ces phrases avec une des formules proposées entre parenthèses.**

a. .... **estudiar los verbos. (Es esencial / Es esencial de)**

b. .... **fumar en este bar. (Está prohibido / Está prohibido de)**

c. **Esta palabra es** .... **pronunciar. (imposible / imposible de)**

d. **A mí me** .... **aprender idiomas. (es fácil / es fácil de)**

e. **No** .... **recordar las conjugaciones. (es fácil / es fácil de)**

9 **Complétez ces phrases avec les prépositions *a* ou *en*.**

a. ...... **Sevilla, la gente es muy simpática.**

b. **Los estudiantes que residen** ...... **Sevilla están muy contentos.**

c. **Muchos Erasmus van** ...... **Sevilla para estudiar.**

d. **Cuando vuelven** ...... **su país, sienten nostalgia.**

e. **¿Dónde estás? ¿**...... **casa?**

f. **Ven** ...... **casa, te invito.**

Bravo, vous êtes venu à bout du chapitre 11 ! Il est maintenant temps de comptabiliser les icônes et de reporter le résultat en page 128 pour l'évaluation finale.

Lexique et lecture 2 : se déplacer

Prendre le train en Espagne

- **La** RENFE (Red Nacional de Ferrocarriles Españoles, *Réseau National des Chemins de Fer Espagnols*) **est la compagnie nationale qui exploite la presque totalité du transport ferroviaire. Son produit phare est el** AVE (Alta Velocidad Española, *Grande Vitesse Espagnole*)**, l'équivalent de notre TGV. Son logo est un** *oiseau* (ave en espagnol).
- **Le réseau se divise en** larga **et** media distancia**, sans compter les trains de banlieue :** cercanías **(littéralement :** *proximités*)**. Retenez quelques autres mots-clés.**

la estación : **la gare**

el andén : **le quai**

la taquilla : **le guichet**

el descuento : **la réduction**

pagar con tarjeta : **payer avec une carte**

pagar en efectivo : **payer en espèces**

turista : **2e classe**

preferente : **1re classe**

1 **Observez ce billet de train et cherchez-y la traduction espagnole des mots suivants :**

a. **aller :** ....

b. **arrivée :** ....

c. **billet :** ....

d. **date :** ....

e. **départ :** ....

f. **espèces :** ....

g. **frais :** ....

h. **place :** ....

i. **prix :** ....

j. **retour :** ....

k. **réservation :** ....

l. **tarif :** ....

m. **train** ....

n. **TVA :** ....

o. **voiture :** ....

En la estación

– BuenosdíasporfavormegustaunaentradaporParís.
El señor de la ventanilla abre mucho los ojos.
– ¿Qué dice?
Frank coge aire y lo intenta otra vez.

– BuenosdíasporfavorquierounaentradaparaParís.
– Oiga, esto no es un cine – contesta el empleado.
– Perdón, no entiendo.
– Digo que esto no es un cine, que aquí no puede ver películas.
– No entiendo. Perdón.
– Tiene que decir «billete». Las entradas son para el cine y para el teatro.

– Entiendo. Sí. Perdón... Por favor, quiero un billete para París.
– Así. Muy bien. ¿De ida y vuelta o sencillo?
– No entiendo.
– ¿DE IDA Y VUELTA O SENCILLO?
– No entiendo.
– Tiene que hablar más despacio y no más alto. Este chico es extranjero, no sordo. Oye muy bien – dice alguien detrás de Frank.

Alfonso Buitrago, « *Por soñar* », en De viaje, Santillana, 1997.

2 Compréhension du texte : lisez le texte *En la estación* et cochez les bonnes réponses aux questions suivantes.

a. **En este texto, ¿cuántos protagonistas hay?**

uno ☐
dos ☐
tres ☐
cuatro ☐

b. **¿Cómo habla español Frank?**

Lo habla perfectamente. ☐
No habla nada de español. ☐
Lo habla pero bastante mal. ☐

c. **Frank quiere :**

un billete de tren para París. ☐
una entrada para el cine. ☐
una entrada para el teatro. ☐

d. **El empleado de la taquilla :**

es sordo. ☐
es extranjero. ☐
no entiende bien a Frank. ☐

3 **En vous servant des mots du texte, traduisez les phrases suivantes.**

a. **L'employé n'est pas sourd :** ➜ ....

b. **Il faut parler doucement :** ➜ ....

c. **Je vois quelqu'un derrière Frank :** ➜ ....

4 **Les faux amis *billete* et *entrada*. Insérez celui qui convient dans chacune des phrases suivantes en faisant attention au nombre (singulier ou pluriel) et à l'article que vous utiliserez : el, la, los, las... ou pas d'article !**

a. **Hola, ¿vende usted** .... **para trenes de cercanías?**

b. **Cómprame dos** .... **para el concierto de Bisbal, por favor.**

c. .... **de autobús es más barato que el de tren.**

d. **En avión, si tienes** .... **de primera clase, ¡te dan champán gratis!**

e. .... **para las corridas de toros suelen ser bastante caras.**

f. **Para esta obra de teatro, puedes comprar** .... **en Internet.**

5 **Les faux amis *entender* et *oír*. Insérez le verbe qui convient dans les phrases suivantes, conjugué à la personne adéquate.**

a. **Este joven** .... **muy bien: no hace falta que hable tan alto.**

b. **Leo bastante bien el español pero no** .... **a la gente cuando habla demasiado rápido.**

c. **Sube el volumen de la música, por favor : ¡no** .... **nada!**

d. **Este texto es demasiado difícil para mí: no** .... **nada.**

e. **¿** .... **usted lo que digo o se lo vuelvo a explicar?**

f. **¡Estoy en el tren! Hay mucho ruido. ¿Me** .... **?**

6 **Le *damero maldito*, damier maudit, est un grand classique pour les amateurs de jeux de lettres espagnols. Trouvez les mots correspondant aux définitions ci-dessous et reportez les lettres dans le damier en vous aidant des chiffres correspondants. Une phrase apparaît alors. Saurez-vous la retrouver et la traduire ?...**

a. **Para entrar en una casa hay que abrir la...**

26	2	19	32	16	29

b. **Para abrir la puerta hace falta una...**

14	23	39	40	6

c. **Los hijos de mi hermano son mis...**

18	36	11	42	22	20	41	4

d. **Adverbio de lugar que indica proximidad:**

27	1	9	33

e. **Lo que cuesta una cosa es su...**

30	7	17	21	12	25

f. **Sirve para sentarse, es la...**

34	3	24	13	31

g. **Animal muy fiel (en femenino):**

35	15	28	37	8

h. **Indica que algo termina, en francés y en español:**

38	5	10

1	2	3	4	5	6	7
8	■	9	10	■	11	12
13	14	15	16	17	■	18
19	20	21	22	23	24	25
■	26	27	28	29	■	30
31	32	33	34	■	35	36
37	■	38	39	40	41	42

i. **La frase escondida es:**

j. **Y su traducción es:**

Demander son chemin

- **Les Espagnols ont la réputation de répondre fort aimablement lorsqu'on leur demande un renseignement et le cliché veut même que, si vous cherchez votre chemin, on vous accompagne jusqu'à destination...**
- **Il vaut mieux cependant être capable de poser clairement vos questions et de comprendre les explications qu'on vous donnera.**

Pour poser des questions

¿Puede(s) decirme...,
Pouvez-vous (peux-tu) me dire...
... dónde está / dónde queda...?,
... où se trouve...?
... cómo se va a...?,
... comment on va à...?

Pour donner des indications

ir a / hasta, *aller à / jusqu'à*
seguir, *continuer*
girar, *tourner*
tomar, *prendre*
a la derecha, *à droite*
a la izquierda, *à gauche*
recto, *tout droit*
la primera / segunda / tercera,
la première, deuxième, troisième

7 Lisez les quatre dialogues autour du plan de ville de la page 79 et indiquez si les personnes se tutoient ou se vouvoient.

	Tú	Usted
a.	☐	☐
b.	☐	☐
c.	☐	☐
d.	☐	☐

8 D'après les indications fournies, dites dans quelle rue se trouvent les différents lieux que cherchent ces personnes.

a. **El colegio está**
→ ....

b. **La biblioteca está**
→ ....

c. **La discoteca está**
→ ....

d. **El cine está**
→ ....

9 Un garçon se trouve au cinéma, il veut aller à la bibliothèque et demande son chemin à une jeune fille. Rédigez leur dialogue au tutoiement (une question et une réponse, comme à la page 79).

– ....
....
....
– ....
....
....
....
....
....

A

Por favor, ¿cómo se va al colegio?

Toma la calle de la Luna, sigue todo recto y luego gira por la segunda calle a la izquierda. Allí es.

B

¿Puede decirme cómo se va a la discoteca?

Tome la Avenida de la Estación, siga todo recto y gire por la cuarta a la derecha: es allí.

C

Por favor, ¿dónde está el cine?

Tiene que tomar la calle de la Luna, seguir todo recto, tomar la segunda a la izquierda y luego la primera a la derecha.

D

Perdón, quisiera ir a la biblioteca.

Tienes que tomar la Avenida de la Estación, seguir todo recto y luego girar por la tercera a la derecha. Es allí.

Bravo, vous êtes venu à bout du chapitre Lexique et lecture 2 ! Il est maintenant temps de comptabiliser les icônes et de reporter le résultat en page 128 pour l'évaluation finale.

12

L'expression du futur

Futur proche et futur

- Le futur proche s'exprime en espagnol comme en français, avec le verbe **ir**, *aller* suivi de l'infinitif. Mais **ir** est alors suivi de la préposition **a** :

– **Voy a comer,** *Je vais manger.*
– **¿Vas a venir?,** *Tu vas venir ?*
– **Vamos a hacer un viaje,** *Nous allons faire un voyage.*

- Le futur simple se forme, comme en français, sur l'infinitif auquel on ajoute des terminaisons issues de l'auxiliaire *avoir* : **comeré (comer + é)**, *je mangerai (je manger + ai)*. Observez bien les accents écrits.

cantar (régulier)	poder (irrégulier)
cantaré	**podré**
cantarás	**podrás**
cantará	**podrá**
cantaremos	**podremos**
cantaréis	**podréis**
cantarán	**podrán**

- Seuls douze verbes subissent des irrégularités, qui ne portent que sur le radical :

– **caber : cabré...**
– **decir : diré...**
– **haber : habré...**
– **hacer : haré...**
– **poder : podré...**
– **poner : pondré...**
– **querer : querré...**
– **saber : sabré...**
– **salir : saldré...**
– **tener : tendré...**
– **valer : valdré...**
– **venir : vendré...**

1 **Soulignez les sept verbes au futur simple présents dans ce court extrait de roman, puis réécrivez-les et donnez leur infinitif.**

a. futur : .... /
infinitif : ....

b. futur : .... /
infinitif : ....

c. futur : .... /
infinitif : ....

d. futur : .... /
infinitif : ....

– Si tú quieres, yo haré de ti un gran guitarrista.

– Pero si no tengo tiempo ni guitarra.

– Yo te regalaré una guitarra. Y en cuanto al tiempo, déjalo también de mi cuenta. También tengo algunos remedios para eso. Junto con la guitarra, te voy a regalar tiempo para tocarla. Serás guitarrista en unos pocos meses. Harás viajes, ganarás dinero, seducirás mujeres, y nunca tendrás jefe.

Luis Landero, El guitarrista, Tusquets Editores, Barcelona, 2002.

e. futur : .... / infinitif : ....

f. futur : .... / infinitif : ....

g. futur : .... / infinitif : ....

2 Conjuguez à toutes les personnes du futur simple les deux premiers verbes trouvés dans le texte.

a.	b.
....	....
....	....
....	....
....	....
....	....
....	....

3 Transformez les phrases suivantes en remplaçant le futur proche par le futur simple.

a. ¿Me vas a ayudar a tocar la guitarra?
→ ....

b. Vamos a ser famosos. → ....

c. No voy a poder tocar esta partitura.
→ ....

d. Me vais a decir qué os parece esta guitarra.
→ ....

e. El público va a querer que sigas tocando.
→ ....

f. No van a tener tiempo para aprender. → ....

Le futur dans la subordonnée

- En espagnol, le futur ne s'utilise que dans les propositions principales, indépendantes, complétives et dans l'interrogation indirecte :
  - **Mañana trabajaré,** *Je travaillerai demain.*
  - **Te ayudaré si tengo tiempo,** *Je t'aiderai si j'ai le temps.*
  - **No sé si podré salir,** *Je ne sais pas si je pourrai sortir.*
  - **¿Sabes cuándo vendrás?,** *Tu sais quand tu viendras ?*
  - **Pienso que volveré,** *Je pense que je reviendrai.*

- Une erreur fréquente pour les francophones consiste donc à utiliser le futur dans la subordonnée de temps : *Quand je pourrai..., Le jour où tu viendras..., Dès que tu auras...,* **Cuando ~~podré~~... El día que ~~vendrás~~... En cuanto ~~tendrás~~...** L'espagnol emploie ici le subjonctif.
  - **Cuando pueda, iré a verte,** *Quand je pourrai, j'irai te voir.*
  - **El día que vengas, saldremos a pasear,** *Le jour où tu viendras, nous sortirons nous promener.*
  - **En cuanto tengas dinero, ¡págame!,** *Dès que tu auras de l'argent, paye-moi !*
  - **Mientras quieras, te ayudaré,** *Tant que tu voudras, je t'aiderai.*

4 Traduisez les phrases suivantes.

a. Je me demande s'ils viendront. → ....

b. Dès que je te verrai, je te payerai. → ....

c. Il ne sait pas s'il pourra venir. → ....

d. Tu sais quand sortira son livre ? → ....

e. Il se demande où il vivra. → ....

f. Le jour où je te payerai, tu seras content. → ....

g. Je ne sais pas si nous chanterons. → ....

h. Je ne sais pas comment je m'habillerai. → ....

i. Je lirai son livre quand il sortira. → ....

j. Tant qu'il fera soleil, j'irai à la plage. → ....

5 **Transformez les phrases suivantes en introduisant une subordonnée temporelle au futur.** Exemple phrase a :
Je ne vais pas au Mexique parce que je ne parle pas bien espagnol.
→ Quand je parlerai bien espagnol, j'irai au Mexique.

a. No voy a México porque no hablo bien español.

Cuando .... español, ... a México.

b. No conduzco una moto porque no soy mayor de edad.

Cuando .... mayor de edad, ... una moto.

c. No sabes las conjugaciones porque no las aprendes.

Cuando las ...., ... las conjugaciones.

d. Este chico no tiene buenas notas porque no estudia.

Cuando ...., este chico .... buenas notas.

e. No van a la playa porque no hace sol.

Cuando .... sol, ... a la playa.

Le futur hypothétique

- Il y a une autre différence entre le français et l'espagnol concernant le futur. En espagnol, le futur simple peut exprimer l'hypothèse.

  – **¿Cuánto costará?,** *Combien est-ce que ça peut bien coûter ?*
  – **Estará viendo la tele,** *Il doit être en train de regarder la télé.*

- Retenez donc ces trois façons de rendre l'hypothèse en espagnol, à l'indicatif et au subjonctif : l'indicatif présent, l'indicatif futur et le subjonctif.

  – **A lo mejor piensa que tengo dinero,** *Il pense peut-être que j'ai de l'argent.*
  – **Pensará que tengo dinero,** *Il doit penser que j'ai de l'argent.*
  – **Tal vez** (ou **quizás**) **piense que tengo dinero,** *Il pense peut-être que j'ai de l'argent.*

6 **Traduisez les phrases suivantes.**

a. La persona que usted busca no vive aquí: será un error.

→ ....

b. Pedro ha llamado diez veces: querrá decirte algo importante.

→ ....

7 **Dans chacune des phrases suivantes, reformulez le fragment souligné pour exprimer l'hypothèse de deux autres manières.** ••

Dice que no puede salir esta noche. A lo mejor está repasando un examen.

a. .... un examen.

b. .... un examen.

Lo he llamado pero no contesta. Quizás no tiene cobertura el móvil.

c. .... cobertura el móvil.

d. .... cobertura el móvil.

Lleva zapatillas de deporte y un chándal. Irá al gimnasio.

e. .... al gimnasio.

f. .... al gimnasio.

Approches de la proposition relative

- *Qui* se rend en espagnol par **que** quand il est sujet et par **quien** ou **el (la, los, las) que** après une préposition, lorsqu'il renvoie à une personne.

  – **El hombre que canta,** *L'homme qui chante.*
  – **El hombre de quien (del que) hablo,** *L'homme de qui je parle.*

- *Que* se rend par **que**. Quand il renvoie à une personne, il peut aussi se rendre par **a quien(es)**. *Lequel, laquelle, lesquels, lesquelles* se rendent par **el (la) que, los (las) que** ou **el (la) cual, los (las) cuales**. Ces relatifs valent pour les choses et les personnes.

  – **El disco que escucho,** *Le disque que j'écoute.*
  – **El guitarrista que (a quien) escucho,** *Le guitariste que j'écoute.*
  – **La empresa en la que trabajo,** *L'entreprise dans laquelle je travaille.*
  – **Las personas con las que trabajo,** *Les personnes avec lesquelles je travaille.*

- *Où* se rend de deux façons : **donde** et **en que**. **Donde** ne vaut que pour l'espace ; **en que** vaut pour le temps et pour l'espace.

  – **El día en que nací,** *Le jour où je suis né.*
  – **El país en que vivo,** *Le pays où j'habite.*
  – **La ciudad donde resido,** *La ville où je reside.*

- Dans la relative, le futur se rend par le subjonctif.

  – **Haz lo que quieras,** *Fais ce que tu voudras.*

8 Reliez les deux phrases au moyen d'une proposition relative.
Exemple phrase a : Je m'adresse à une femme. Cette femme est mon professeur.
→ La femme à qui je m'adresse est mon professeur.

a. Me dirijo a una mujer. Esta mujer es mi profesora.

.... es mi profesora.

b. Vivo en un barrio. Este barrio es muy simpático.

.... es muy simpático.

c. Reparto pizzas con una moto. Esta moto es verde.

.... es verde.

d. Te hablo de una chica. Esta chica es mi vecina.

.... es mi vecina.

9 Introduisez le relatif qui convient dans ces phrases (*donde* ou *en que*). Si les deux relatifs sont possibles, écrivez les deux, séparés par un slash.

a. La ciudad .... se pasan las vacaciones está a la orilla del mar.

b. Me acuerdo muy bien de la noche .... te conocí.

c. ¿Cuál fue el año .... el Barça ganó la Champions?

d. Esta es la casa .... me gustaría vivir.

10 Traduisez ces phrases.

a. Viens quand tu pourras.

→ ....

b. Le premier qui appellera aura une voiture.

→ ....

c. Le jour où tu viendras, je serai content.

→ ....

d. J'aimerai l'homme qui me comprendra.

→ ....

Bravo, vous êtes venu à bout du chapitre 12 ! Il est maintenant temps de comptabiliser les icônes et de reporter le résultat en page 128 pour l'évaluation finale.

13

Les temps du passé

L'imparfait de l'indicatif

- Les emplois de l'imparfait sont presque les mêmes en français et en espagnol. On forme ce temps à partir du radical de l'infinitif auquel on ajoute deux types de terminaisons : en **–aba** pour les verbes en **–ar** et en **–ía** pour les verbes en **–er** et en **–ir**.
- Il n'y a que trois verbes irréguliers :

– **ser : era, eras, era, éramos, erais, eran**
– **ir : iba, ibas, iba, íbamos, ibais, iban**
– **ver : veía, veías, veía, veíamos, veíais, veían.**

cantar	comer
cantaba	comía
cantabas	comías
cantaba	comía
cantábamos	comíamos
cantabais	comíais
cantaban	comían

1 Complétez ce tableau des conjugaisons de l'imparfait.

INFINITIF	yo	tú	él, ella, usted	nosotros, nosotras	vosotros, vosotras	ellos, ellas, ustedes
		jugabas		jugábamos		jugaban
estar	estaba		estaba		estabais	
hacer	hacía	hacías	hacía			
				decíamos	decíais	decían
divertirse	me	te				

2 Complétez ces phrases en conjuguant le verbe donné à l'imparfait.

a. En mi época, yo no .... (ir) tanto al cine.

b. Cuando .... (tener) quince años, yo no .... (ser) tan libre.

c. Cuando .... (ser) pequeños, nosotros no .... (ver) tanto la tele.

d. Los mayores .... (oír) la radio y los niños .... (jugar) en la calle.

3 Complétez ce petit texte en y insérant *ser* ou *estar* conjugués à l'imparfait de l'indicatif, à la personne qui convient. ••

Toda la familia .... en el salón: .... la hora de la comida y todos .... viendo la tele. A veces, los padres y los hijos no .... de acuerdo: unos .... partidarios de ver las series y otros .... a favor del telediario. Pero el padre siempre .... de mal humor y además .... muy autoritario, de modo que siempre .... él quien decidía.

Le passé simple régulier et ses emplois

- Le passé simple régulier a deux modèles de terminaisons. N'oubliez pas les accents écrits : ils indiquent la prononciation et évitent des confusions avec d'autres temps.
  – verbes en **–ar : é, aste, ó, amos, asteis, aron**
  – verbes en **–er** et en **–ir : í, iste, ió, imos, isteis, ieron**
- La première personne du singulier des verbes en **–ar** dont le radical se termine en **g** ou **c** (jugar, indicar...) subit une modification orthographique de façon à conserver la même prononciation : **jugué, indiqué**. Le reste de la conjugaison est régulier.
- Le passé simple exprime comme en français une action révolue dont on n'envisage pas les effets sur le présent. Mais l'espagnol l'emploie couramment dans la langue parlée, alors que le français recourt ici au passé composé :
  – **Ayer cené en un restaurante,** *Hier soir, j'ai dîné au restaurant.*

cantar	comer
canté	comí
cantaste	comiste
cantó	comió
cantamos	comimos
cantasteis	comisteis
cantaron	comieron

4 Voici quinze formes conjuguées des verbes suivants : *pagar, escribir, jugar, contar, cerrar* et *beber*. Barrez celles qui ne peuvent en aucun cas être du passé simple. ••

pagué — escribe — contó — cerró — contamos

cerraron — escribimos — bebí — bebemos — contéis

juegue — escribiste — pagasteis — cierro — bebió

5 **Retrouvez dans cette grille trois formes du passé simple (à la verticale, à l'horizontale ou en diagonale). Entourez-les, puis donnez leur conjugaison complète au passé simple.**

V	T	L	E	Ó	N	T	E
T	O	M	I	E	R	O	N
B	A	L	P	E	N	S	É
A	M	I	V	U	A	S	O
I	I	L	I	I	E	T	E
L	C	Y	V	G	S	U	R
I	H	C	I	U	R	T	U
Ó	U	T	Ó	E	L	L	E

a. ……………………………………

……………………………………

……………………………………

……………………………………

……………………………………

……………………………………

b. ……………………………………

……………………………………

……………………………………

……………………………………

……………………………………

……………………………………

c. ……………………………………

……………………………………

……………………………………

……………………………………

……………………………………

……………………………………

6 **Complétez les phrases suivantes au passé simple, en imitant le modèle.**
Exemple : El año pasado no XXX, pero este año voy a estudiar.
→ **El año pasado no estudié, pero este año voy a estudiar.**

a. El año pasado no XXX en casa, pero este año vas a ayudar.

→ ……………………………………

b. El curso pasado no XXX , pero este año voy a leer.

→ ……………………………………

c. El año pasado XXX mucho tiempo en Internet, pero este año no vais a perder tanto.

→ ……………………………………

d. El año pasado mi hermano XXX mucho al fútbol, pero este año no va a jugar tanto.

→ ……………………………………

7 Comme dans l'exemple, reliez les propositions (colonne de gauche) à leur conséquence (colonne de droite).

a. no saber la respuesta •
b. la puerta / estar cerrada •
c. no quedar café •
d. María / no contestar al teléfono •
e. no haber billetes de avión •
f. no tener ganas de salir •
g. el ascensor / no funcionar •
h. el título / parecer interesante •
i. yo / querer trabajar en Madrid •
j. el programa / no ser interesante •

• subir por las escaleras
• decidir ver una serie en la tele
• no escribir nada
• aprender español
• llamar a su puerta
• entrar por la ventana
• apagar la tele
• preparar un té
• viajar en tren
• abrir el libro

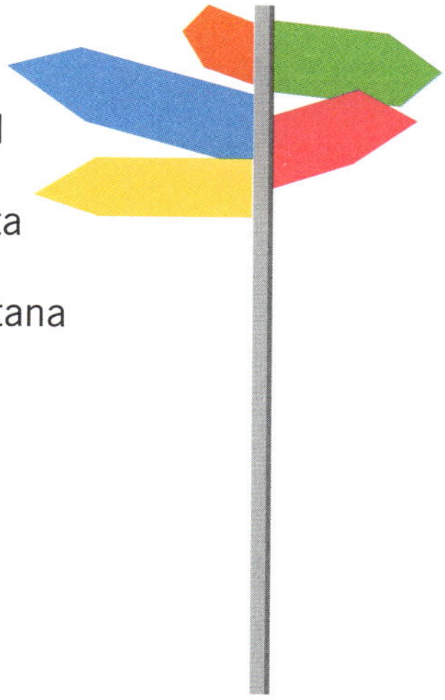

8 Rédigez les phrases qui correspondent à ces mises en relation au passé, en respectant l'alternance logique imparfait/passé simple comme dans le modèle.

a. Como no sabía la respuesta, no escribí nada.

b. → ....

c. → ....

d. → ....

e. → ....

f. → ....

g. → ....

h. → ....

i. → ....

j. → ....

Le passé composé

cantar	comer
he cantado	he comido
has cantado	has comido
ha cantado	ha comido
hemos cantado	hemos comido
habéis cantado	habéis comido
han cantado	han comido

- En espagnol, le passé composé n'a pas envahi la langue quotidienne au détriment du passé simple, comme en français. Il est cependant très courant lorsque l'on envisage des événements passés qui restent actuels, par leurs conséquences réelles ou la façon d'en parler.
- Il se construit toujours avec l'auxiliaire *avoir*, **haber**, suivi du participe passé invariable : radical de l'infinitif + terminaisons en **–ado** pour les verbes en **–ar** et en **–ido** pour les verbes en **–er** et en **–ir**.

  – **Ya he tomado café, gracias,** *J'ai déjà pris du café, merci.*
  – **No he podido venir antes,** *Je n'ai pas pu venir avant.*
  – **Todavía no hemos salido hoy,** *Nous ne sommes pas encore sortis aujourd'hui.*

- Il existe de nombreux participes irréguliers. En voici quelques-uns :

  – **abierto (abrir)** – **dicho (decir)** – **escrito (escribir)** – **hecho (hacer)**
  – **puesto (poner)** – **roto (romper)** – **visto (ver)** – **vuelto (volver)**

9 **Transposez toutes ces phrases au passé composé.**

a. Yo no abro la puerta.

➜ ....

b. Volvéis de las vacaciones cansados.

➜ ....

c. ¿Le escribes a la abuela?

➜ ....

d. No podemos venir a tu cumpleaños.

➜ ....

e. ¿Ustedes piden pescado?

➜ ....

10 Voici six formes verbales au passé composé : introduisez chacune d'elles dans la phrase qui convient.

a. No encuentro las llaves: ¿dónde las .... ?

b. No estoy contento contigo: no .... tus deberes.

c. ¿Quién .... mis gafas?

d. Te .... mil veces que no te pases horas con el ordenador.

e. Muchas gracias por la invitación: .... muy bien.

f. Te .... Carmen y Juan.

ha visto

hemos comido

he dicho

han llamado

habéis puesto

has hecho

11 Parmi ces activités, lesquelles avez-vous déjà faites *(« ya... »)* et pas encore faites *(« Todavía no... »)* ? Cochez la bonne case et rédigez la phrase correspondante.

	Sí	No	
a. viajar en avión	☐	☑	Todavía no he viajado en avión.
b. comer paella	☑	☐	Ya he comido paella.
c. ver una película española en VO	☐	☐	....
d. hacer autoestop	☐	☐	....
e. cantar flamenco	☐	☐	....
f. tener un diario íntimo	☐	☐	....
g. estar enamorado	☐	☐	....
h. bañarse en el Atlántico	☐	☐	....
i. hacer un discurso	☐	☐	....
j. subir en globo	☐	☐	....
k. actuar en una obra teatral	☐	☐	....
l. ir a América latina	☐	☐	....

Bravo, vous êtes venu à bout du chapitre 13 ! Il est maintenant temps de comptabiliser les icônes et de reporter le résultat en page 128 pour l'évaluation finale.

14
Les temps du passé (suite)

Les passés simples irréguliers

- Le groupe le plus important est formé par 15 verbes très usuels qui ont pour la plupart une terminaison commune : **–e**, **–iste**, **–o**, **–imos**, **–isteis**, **–ieron**. Contrairement à celle des passés simples réguliers, elle ne porte pas d'accent écrit.
- Observez la conjugaison de **estar** et retenez les radicaux irréguliers qui suivent ce modèle.
- Il y a 3 verbes particuliers dans cette famille :
  – **decir** a une 3e personne du pluriel en **–eron** : **dije**, **dijiste**, **dijo**, **dijimos**, **dijisteis**, **dijeron**
  – **ser** et **ir** ont la même conjugaison : **fui**, **fuiste**, **fue**, **fuimos**, **fuisteis**, **fueron.**

estar	autres radicaux irréguliers	
estuve	anduv- (andar)	quis- (querer)
estuviste	cup- (caber)	sup- (saber)
estuvo	hic- (hacer)	traj- (traer)
estuvimos	hub- (haber)	tuv- (tener)
estuvisteis	pud- (poder)	vin- (venir)
estuvieron	pus- (poner)	

1 Retrouvez dans cette grille six formes verbales au passé simple (à la verticale, à l'horizontale ou en diagonale), puis introduisez-les dans la phrase qui convient.

V	I	N	I	S	T	E	I	S
P	H	I	L	T	O	R	F	A
I	U	P	B	R	A	Z	Y	T
T	E	D	I	J	I	S	T	E
O	B	L	I	L	C	H	U	S
H	R	U	T	E	S	O	V	I
I	M	A	L	L	R	H	E	J
Z	U	F	U	I	M	O	S	T
O	Q	U	O	T	N	A	N	I

a. A los diez años .... mi primera bicicleta.

b. Eres una mentirosa: ¿por qué no me .... la verdad?

c. ¿Por qué no .... a mi cumpleaños?

d. Ayer .... bastante sol.

e. Había demasiada gente y no .... entrar en el estadio.

f. La semana pasada .... a ver a la abuela.

Autres groupes irréguliers

- Les verbes à affaiblissement et les verbes à alternance présentent eux aussi une irrégularité au passé simple. La voyelle du radical se ferme en **–i** (ou en **–u**) à la 3e personne du singulier et du pluriel : **pidió**, **pidieron** ; **sintió**, **sintieron** ; **durmió**, **durmieron**.
- Chez les verbes dont le radical se termine en voyelle, un **–y** vient s'intercaler à la 3e personne du singulier et du pluriel : **leyó**, **leyeron**.
- Les verbes en **–ducir** ont un radical en **duj-** : **conduje**, **condujiste**… ; **traduje**, **tradujiste**…
- **Dar** *(donner)* est un cas particulier : **di**, **diste**, **dio**, **dimos**, **disteis**, **dieron**.

2 **Réécrivez ces phrases en les transposant au passé simple.**

a. Cristóbal Colón descubre América pero no es él quien le da su nombre al Nuevo Mundo.

→ …

b. Mide mal la circunferencia de la Tierra, por eso el viaje dura más de lo previsto.

→ …

c. Repite el viaje a América cuatro veces y muere en Valladolid.

→ …

d. Los españoles introducen nuevas enfermedades en América.

→ …

e. Destruyen las antiguas culturas precolombinas y construyen otra civilización.

→ …

Exprimer la simultanéité

- Vous pouvez exprimer la simultanéité de deux actions au passé au moyen d'une conjonction de subordination comme **cuando**. Mais pour ce faire, l'espagnol utilise aussi très souvent le groupe prépositionnel **al** suivi de l'infinitif :

– **Cuando entró, vio que no había nadie** ou **Al entrar, vio que no había nadie**, *En entrant, il vit qu'il n'y avait personne.*

3 Remplacez la formule « *al* + infinitif » par « *cuando* + verbe conjugué ».

a. Al abrir el periódico, fui directamente a la página de deportes.

→ ………………………………………… , fui directamente a la página de deportes.

b. Al llegar a México, noté que el acento era diferente del de España.

→ ……………………………… , noté que el acento era diferente del de España.

c. Al ver que no hacía sol, decidimos quedarnos en casa.

→ ……………………………………………………… , decidimos quedarnos en casa.

4 Remplacez « *cuando* + verbe conjugué » par « *al* + infinitif ».

a. Cuando volvió a casa, el padre vio que su hijo estaba escuchando música.

→ ……………………………… , el padre vio que su hijo estaba escuchando música.

b. Cuando oyeron ruido, miraron por la ventana.

→ ………………………………………… , miraron por la ventana.

c. Cuando murió, dejó todo su dinero a una ONG.

→ ……………………………… , dejó todo su dinero a una ONG.

Exprimer le temps dans la phrase

- Retenez les adverbes et les locutions qui servent à se repérer dans le temps par rapport à **hoy**, *aujourd'hui*.

– **antes de ayer**, *avant-hier* – **ayer**, *hier* – **esta mañana**, *ce matin*
– **esta tarde**, *cet après-midi* – **mañana**, *demain* – **pasado mañana**, *après-demain*

- Ces mots vont commander un certain usage des temps, qui est pour l'essentiel le même qu'en français. Il y a cependant, comme nous l'avons vu, des différences en ce qui concerne l'emploi du passé simple dans la langue parlée.

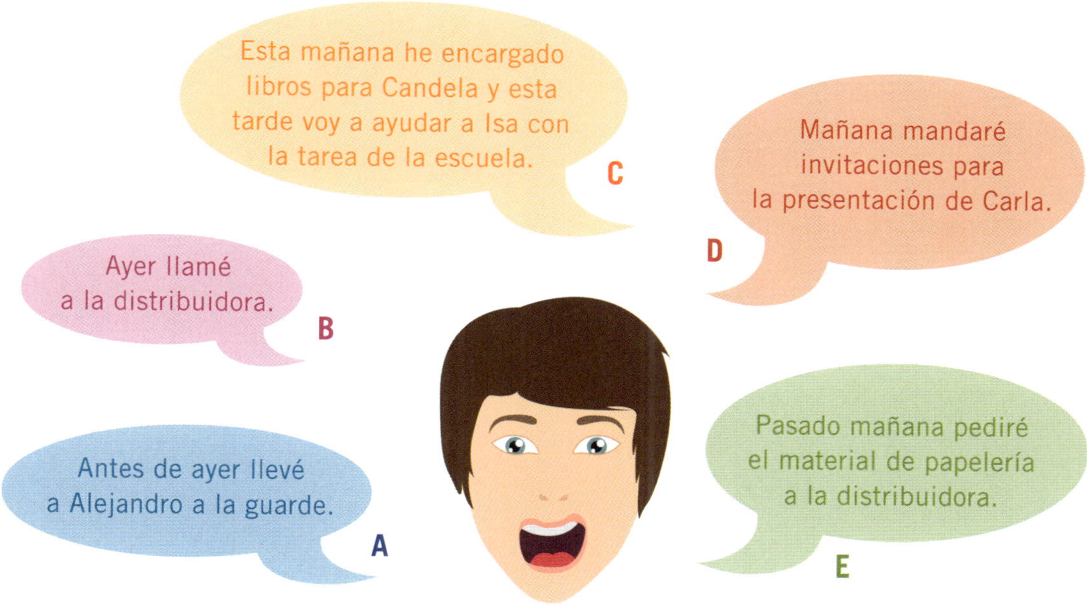

5 **Nous sommes mercredi, il est 14 heures. Belén, libraire, parle de ses activités, passées et à venir, de la semaine. Lisez attentivement les bulles ci-dessus et repérez les temps utilisés.**

a. Pour parler de ce qu'elle a fait les jours qui précèdent, Belén utilise ....

b. Pour parler de ce qu'elle a fait le matin même, Belén utilise ....

c. Pour parler de ce qu'elle va faire l'après-midi même, Belén utilise ....

d. Pour parler de ce qu'elle va faire les jours suivants, Belén utilise ....

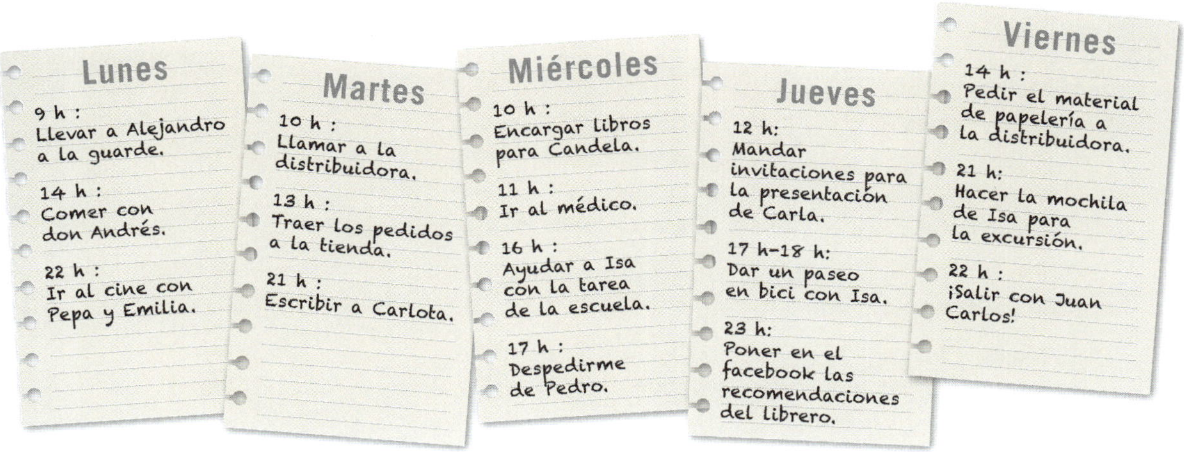

6 **Racontez la semaine de Belén en suivant ces quelques consignes :**
– complétez les amorces en reportant pour chacune d'elles les deux activités qui lui correspondent dans l'agenda (voir page 95).
– rédigez la phrase à la 3e personne du singulier (exemple : « Avant-hier Belén a déjeuné avec don Andrés et elle est allée au cinéma avec Pepa et Emilia »).
– prenez mercredi 14 heures comme référence et faites attention aux temps employés.

a. Antes de ayer, Belén ....

....

b. Ayer, Belén ....

....

c. Esta mañana, Belén ....

y esta tarde, ...

d. Mañana, Belén ....

....

e. Pasado mañana, Belén ....

....

Le conditionnel

- Le conditionnel espagnol se construit comme en français à partir de l'infinitif, auquel on ajoute des terminaisons issues de l'imparfait de l'auxiliaire *avoir* : **comería (comer + ía)**, *je mangerais (manger + ais).*

comería
comerías
comería
comeríamos
comeríais
comerían

- Les irrégularités concernent les mêmes verbes qu'au futur.

– caber: cabría...
– decir: diría...
– haber: habría...
– hacer: haría...
– poder: podría...
– poner: pondría...
– querer: querría...
– saber: sabría...
– venir: vendría...
– salir: saldría...
– tener: tendría...
– valer: valdría...

- Retenez deux emplois du conditionnel identiques en espagnol et en français : la valeur d'atténuation et la concordance des temps dans une phrase au passé :

– **¿Tendrías fuego?**, *Tu aurais du feu ?* (atténuation)
– **Pensaba que me llamarías**, *Je pensais que tu m'appellerais.* (concordance)

7 **Reformulez ces phrases en donnant aux verbes la valeur d'atténuation.**

a. ¿Puedo utilizar tu móvil? → ....

b. ¿Es posible vernos más tarde? → ....

c. Deseamos un móvil más barato. → ....

d. ¿Estáis dispuestos a ayudarnos? → ....

e. ¿Me haces un favor? → ....

f. ¿Me dices la respuesta? → ....

8 **Réécrivez ces phrases en mettant le verbe principal à l'imparfait et en faisant la concordance des temps dans la subordonnée.**

a. Estos niños piensan que de mayores serán futbolistas.

→ ....

b. ¿Te imaginas que un día tendrás nietos?

→ ....

c. El profesor dice que pronto sabremos hablar español.

→ ....

d. Mi abuelo cree que los extraterrestres nos invadirán.

→ ....

e. Estoy convencido de que me hará este favor.

→ ....

Bravo, vous êtes venu à bout du chapitre 14 ! Il est maintenant temps de comptabiliser les icônes et de reporter le résultat en page 128 pour l'évaluation finale.

15

La phrase complexe au passé

Le subjonctif imparfait

- L'imparfait du subjonctif fait partie de l'espagnol courant. Pour le former, on part de la 3e personne du pluriel du passé simple (**hablaron**, **comieron**, **quisieron**…) et on introduit, à la place de la dernière syllabe, des terminaisons en –**ra**, –**ras**, –**ra**, –**ramos**, –**rais**, –**ran**.

hablar	comer	querer
hablara	comiera	quisiera
hablaras	comieras	quisieras
hablara	comiera	quisiera
habláramos	comiéramos	quisiéramos
hablarais	comierais	quisierais
hablaran	comieran	quisieran

- Il existe une deuxième forme du subjonctif imparfait, en **–se** : **hablase**, **hablases**, **hablase**, **hablásemos**, **hablaseis**, **hablasen**.
- La concordance des temps se fait à l'écrit et à l'oral : le subjonctif dans la subordonnée devient subjonctif imparfait dès que le verbe principal est à un temps du passé :

  – **Quiero que vengas** (présent) ➜ **Quería que vinieras** (passé)
  – **Te pido que me ayudes** (présent) ➜ **Te pedí que me ayudaras** (passé)

- Le subjonctif imparfait est obligatoire après **como si**, quel que soit le temps de la phrase.

  – **Hace como si trabajara**, *Il fait comme s'il travaillait.*

1 **Complétez le premier tableau (passé simple) en y ajoutant la 3e personne du pluriel puis, à partir de ces formes, construisez le subjonctif imparfait en *–ra* des trois verbes.**

Passé simple		
pedir	**leer**	**tener**
pedí	leí	tuve
pediste	leíste	tuviste
pidió	leyó	tuvo
pedimos	leímos	tuvimos
pedisteis	leísteis	tuvisteis

Subjonctif imparfait		
pedir	**leer**	**tener**

2 **Transformez ces phrases en complétant l'amorce au présent et en faisant la concordance des temps nécessaire.**

a. Te llamé para que vinieras a ayudarme.
Te llamo para que ....

b. Quería que alguien me dijera cómo usar este programa.
Quiero que alguien me ....

c. Le pedí al servicio técnico que me explicara lo que pasaba.
Le pido al servicio técnico que ....

d. Me dijeron que ojalá fuera solo un problema material.
Me dicen que ojalá ....

e. Yo les dije que tal vez tuviera algún virus el ordenador.
Yo les digo que tal vez ....

3 **Transformez ces phrases en complétant l'amorce au passé et en faisant la concordance des temps nécessaire.**

a. No hace falta que compres el pan.
No hacía falta que ....

b. Te doy dinero para que vayas a hacer la compra.
Te di dinero para que ....

c. No quiero que vuelvas a traer chorizo.
No quería que ....

d. No creo que necesitemos más vino.
No creía que ....

e. Te pido sobre todo que pienses en el chocolate.
Te pedí sobre todo que ....
....

4 **Complétez l'amorce fournie en reprenant la phrase de départ.**
Modèle phrase a : Je n'aime pas le cinéma. → Je fais comme si j'aimais le cinéma.

a. No me gusta el cine. → Hago como si .... el cine.

b. No se acordaba de mí. → Hizo como si .... de mí.

c. Los niños no duermen. → Hacen como si ....

d. No sabe la respuesta. → Hace como si .... la respuesta.

La subordonnée conditionnelle

- Le potentiel s'exprime avec les mêmes outils en espagnol et en français : indicatif présent dans la subordonnée et indicatif futur dans la principale :
  – **Si tengo tiempo, pasaré a verte**, *Si j'ai le temps, je passerai te voir.*
- Pour exprimer l'irréel du présent, l'espagnol utilise l'imparfait du subjonctif dans la subordonnée et le conditionnel dans la principale :
  – **Si tuviera tiempo, pasaría a verte**, *Si j'avais le temps, je passerais te voir.*

5 **Parmi les 16 formes verbales ci-dessous, entourez 4 verbes à l'imparfait du subjonctif et 4 verbes au conditionnel.**

hiciera · costaría · hacía · conduzcas · oyeras

íbamos · encantará · habría · pusieran · oirás · habrá

pusieron · iríamos · costará · condujeras · encantaría

6 **Complétez ces phrases à l'aide des 8 formes que vous avez sélectionnées.**

a. Si todos se .... el cinturón de seguridad, ... menos accidentes graves.

b. Si .... mejor tiempo, ... a la playa.

c. Si .... más despacio, el coche te .... menos en gasolina.

d. Si .... cómo toca la guitarra, te ....

7 ***Ser* ou *estar* ? Complétez ces phrases en y introduisant l'un de ces verbes à l'imparfait du subjonctif.**

a. No es mayor de edad. Hace como si .... mayor de edad.

b. Si Pedro .... aquí, nos ayudaría.

c. No duerme, hace como si .... durmiendo.

d. Si no .... tan cansado, te acompañaría.

e. Si .... de mejor humor, iría al cine.

f. ¡Aprender chino! Como si .... tan fácil.

8 **Rédigez des phrases conditionnelles à l'irréel du présent en associant de manière logique les éléments du tableau A et ceux du tableau B. Exprimez la phrase à la 1re personne du singulier : *Si j'étais malade...***

A
estar enfermo •
saber de informática •
tener tu número de móvil •
visitar México •
vivir en Argentina •
dormir más •

B
• mandarte mensajes
• subir a las pirámides
• estar más relajado
• cruzar la Pampa a caballo
• no tener tantos problemas con el ordenador
• ir al médico

a. Si ....

b. Si ....

c. Si ....

d. Si ....

e. Si ....

f. Si ....

La subordonnée concessive

- La concession peut prendre plusieurs formes en français : *Bien que tu fasses...*, *Même si tu fais...* La conjonction **aunque** rend à la fois *bien que* et *même si* et peut se construire avec l'indicatif ou le subjonctif, selon que le fait qu'on envisage est réel ou hypothétique :
  – **Aunque llueve, salgo**, *Bien qu'il pleuve, je sors* (fait réel, **llueve** = indicatif)
  – **Aunque llueva, saldré**, *Même s'il pleut, je sortirai* (fait hypothétique, **llueva** = subjonctif)
- Bien sûr, cette concession peut également s'exprimer à l'irréel. Dans ce cas, il faut faire la concordance des temps : subjonctif imparfait dans la subordonnée / conditionnel dans la principale.
  – **Aunque lloviera, saldría**, *Même s'il pleuvait, je sortirais.*
  – **Aunque tuviera dinero, no te daría**, *Même si j'avais de l'argent, je ne t'en donnerais pas.*

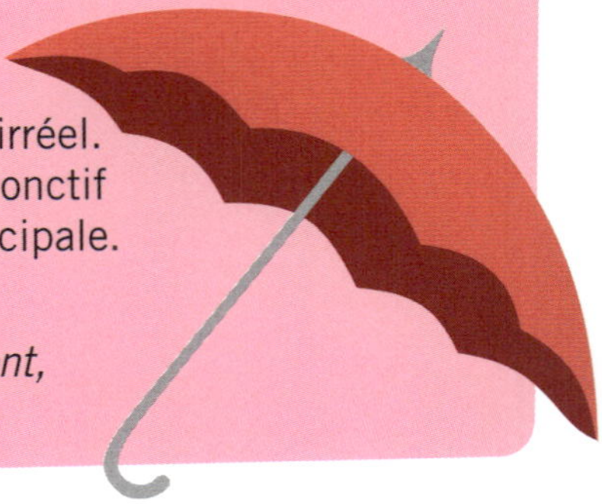

9 Transposez les phrases suivantes à l'irréel, puis traduisez votre transposition.

a. Aunque tenga tiempo, no te ayudaré.

Transposition : ....

Traduction : ....

b. Aunque haga mal tiempo, iré a correr.

Transposition : ....

Traduction : ....

c. Aunque esté enfermo, trabajaré.

Transposition : ....

Traduction : ....

d. Aunque vivas cien años, no leerás todos los libros.

Transposition : ....

Traduction : ....

e. Aunque escribas veinte libros, no serás célebre.

Transposition : ....

Traduction : ....

Une structure concessive particulière

- La structure *Quoi que…*, *Où que…*, *De quelque manière que…*, etc., se rend par une formule symétrique : le verbe au subjonctif se répète de part et d'autre du lien circonstanciel, qui peut indiquer le temps, le lieu, la manière, la nature ou l'identité :
  - **Vengas cuando vengas**, *À quelque moment que tu viennes* (temps)
  - **Estés donde estés**, *Où que tu sois* (lieu)
  - **Te vistas como te vistas**, *De quelque manière que tu t'habilles* (manière)
  - **Hagas lo que hagas**, *Quoi que tu fasses* (nature)
  - **Seas quien seas**, *Qui que tu sois* (identité)
- La traduction française de ces tournures ne semble guère naturelle, mais elles font au contraire pleinement partie de la langue parlée en espagnol.

10 Introduisez ces mots dans les phrases qui conviennent :

→ *cuando / donde / como / lo que / quien*

a. Digas .... digas, no te creeré.

b. Vayas .... vayas, te seguiré.

c. Sea .... sea, esta tarde o esta noche, tengo que verte.

d. Llame .... llame, no estoy.

e. Bailes .... bailes, bien o mal, me gusta bailar contigo.

11 Introduisez dans ces phrases un des verbes proposés, en le conjuguant à la forme qui convient :

→ *poner / llamar / venir / decir / conducir*

a. .... lo que .... mis amigos, lo haré.

b. .... quien .... a esta fiesta, yo no iré.

c. .... como ...., rápido o despacio, siempre tengo accidentes.

d. Las .... donde las ...., siempre pierdo las llaves.

e. .... cuando ...., aunque sea tarde, te contestaré.

Bravo, vous êtes venu à bout du chapitre 15 ! Il est maintenant temps de comptabiliser les icônes et de reporter le résultat en page 128 pour l'évaluation finale.

16

L'auxiliaire et les temps composés

Voix active et voix passive

- L'espagnol est un peu moins enclin que le français à utiliser la voix passive. Une phrase comme *J'ai été surpris par ses propos*, par exemple, se rendra naturellement par la voix active : **Me han sorprendido sus palabras**, *Ses propos m'ont surpris.*
- Mais bien sûr, vous trouverez aussi le passif lui-même en espagnol : il se construit avec l'auxiliaire **ser** suivi du participe passé accordé en genre et en nombre avec le sujet. Le complément d'agent (celui qui fait l'action) est introduit par la préposition **por**.
- **Ser** pouvant se conjuguer à tous les temps et à tous les modes, voyez ce tableau des correspondances entre voix passive et voix active :

El escritor publica la novela.
➜ La novela es publicada por el escritor.

El músico ha compuesto la canción.
➜ La canción ha sido compuesta por el músico.

El arquitecto construyó estas casas.
➜ Estas casas fueron construidas por el arquitecto.

Los científicos realizarán nuevos inventos.
➜ Nuevos inventos serán realizados por los científicos.

1 Observez les phrases suivantes et déterminez si elles sont à la voix active ou à la voix passive : cochez la case qui convient.

	Voix active	Voix passive
a. La puerta fue abierta por el viento.	☐	☐
b. Mi primo me ha invitado para su cumpleaños.	☐	☐
c. Juan ha escrito estos cuadernos de ejercicios.	☐	☐
d. Estos cuadernos son utilizados por muchas personas.	☐	☐
e. El año que viene, otro cuaderno será publicado por Assimil.	☐	☐
f. Estos autores son muy apreciados por el público.	☐	☐
g. Las empresas contratan a las personas que saben idiomas.	☐	☐
h. Ojalá mis amigos no sean despedidos por la empresa.	☐	☐

2 **Transposez les phrases de l'exercice précédent à la voix passive quand elles sont à la voix active, et inversement.**

a. ....

b. ....

c. ....

d. ....

e. ....

f. ....

g. ....

h. ....

Les prépositions *por* et *para*

- **Para** indique le but et un ensemble de valeurs qui lui sont associées, comme l'attribution, l'aptitude et l'utilité. Dans un registre proche, il prend également une dimension temporelle :

  – **Leo la prensa para seguir la actualidad**, *Je lis la presse pour suivre l'actualité.*
  – **Este regalo es para ti**, *Ce cadeau est pour toi.*
  – **No estoy hecho para las matemáticas**, *Je ne suis pas fait pour les maths.*
  – **El cuchillo suizo sirve para todo**, *Le couteau suisse sert à tout.*
  – **Para la semana que viene...**, *Pour la semaine prochaine...*

- **Para** exprime également le point de vue :

  – **Para mí, Messi es mejor que Ronaldo**, *Pour moi, Messi est meilleur que Ronaldo.*

- **Por** a une valeur spatiale. Il indique le lieu par où l'on passe ou un espace indéfini :

  – **Siempre paso por Madrid**, *Je passe toujours par Madrid.*
  – **Vive por el barrio de Salamanca**, *Il vit quelque part dans le quartier de Salamanca.*

- **Por** entre également dans diverses locutions à valeur temporelle :

  – **Por la tarde**, *L'après-midi.*
  – **Tres veces por día**, *Trois fois par jour.*

- **Por** indique enfin la cause, et donc aussi l'intérêt :

  – **Lo hago por amistad**, *Je le fais par amitié.*
  – **Lucha por sus ideas**, *Il lutte pour ses idées.*

3 Complétez les phrases suivantes avec *por* ou *para*.

a. .... llegar a casa, lo mejor es que pases .... aquí.

b. He reservado una mesa .... cuatro personas.

c. No me gusta trabajar .... la noche.

d. Viene a verme una vez .... año.

e. ¿........... dónde estará? Hace días que no lo veo.

f. ¿Estás cansado? Eso te pasa .... acostarte tan tarde.

g. .... su capacidad, es un coche .... familias numerosas.

h. ¿Me podrías entregar el trabajo .... el martes?

4 Traduisez les phrases suivantes.

a. Pour manger une bonne paella, va dans ce restaurant.

....

....

b. J'ai apporté quelque chose pour toi.

....

c. Le sport est bon pour la santé.

....

d. J'ai voyagé en Espagne cet été.

....

e. Le matin, je prends du café.

....

f. Pour toi, quel est le meilleur film ?

....

g. Je veux ce travail pour demain.

....

Les auxiliaires *être* et *avoir*

- Rappel important : contrairement au français qui utilise deux auxiliaires (*être* et *avoir*), les temps composés espagnols se construisent uniquement avec l'auxiliaire **haber**. Pour cette même raison, le participe passé est donc invariable en espagnol dans les temps composés.

  – **He comido,** *J'ai mangé.* – **Ha pasado**, *Il est passé.*
  – **Has ido,** *Tu es allée.*– **Hemos venido**, *Nous sommes venus.*

- Quand on passe du français à l'espagnol, il ne faut donc pas confondre :

  – *Pedro est fatigué* (être + adjectif ou participe pris comme adjectif), **Pedro está cansado.**
  – *Le livre est publié par l'éditeur* (voix passive), **El libro es publicado por el editor**.
  – *Pedro est revenu* (passé composé), **Pedro ha vuelto**.

5 Pour chacune des phrases, il n'y a qu'une proposition correcte. Barrez les autres.

a. Juan **[se ha arruinado / se es arruinado / se está arruinado]** con el juego.

b. Soy español, **[he nacido / estoy nacido]** en Sevilla.

c. Como la puerta estaba cerrada, **[estoy entrado / soy entrado / he entrado]** por la ventana.

d. Juan **[ha insatisfecho / está insatisfecho]** con el resultado del partido.

e. Yo **[soy cerrado / estoy cerrado / he cerrado]** bien la puerta: ¿por qué **[es abierta / está abierta / ha abierta]**?

f. Como hacía buen tiempo, **[somos salidos / hemos salido / estamos salidos]** a pasear.

g. La empresa lo **[está despedido / ha despedido / es despedido]**: no tiene trabajo y **[está desesperado / ha desesperado / es desesperado]**.

h. ¡Si mis gafas **[están rotas / son rotas]** es que alguien las **[está roto /es roto / ha roto]**!

6 Traduisez ces phrases.

a. Nous sommes montés pour te voir.

....

b. Ils sont revenus pour acheter le pain.

....

c. Les portes sont bien fermées.

....

d. La porte a été ouverte par le vent.

....

e. Ce film a été vu par beaucoup de gens.

....

....

f. Ce livre est bien écrit.

....

g. Mes lunettes sont cassées.

....

La formation de tous les temps composés

- Puisqu'il n'y a qu'un auxiliaire en espagnol pour les temps composés, il suffit de conjuguer **haber** aux différents temps pour former l'ensemble des temps composés :

  – **Ha hecho**, *Il a fait* (passé composé)
  – **Había hecho**, *Il avait fait* (plus-que-parfait)
  – **Lo habría hecho**, *Je l'aurais fait* (conditionnel passé)
  – **No creo que lo haya hecho**. *Je ne crois pas qu'il l'ait fait* (subjonctif passé)
  – **Si hubiera podido...**, *Si j'avais pu...* (subjonctif plus-que-parfait)

- Attention, dans le conditionnel passé, il arrive souvent qu'on utilise l'auxiliaire **hubiera** à la place de **habría** :

  – **Si lo hubiera sabido, lo habría dicho** ou **lo hubiera dicho**, *Si je l'avais su, je l'aurais dit.*

L'auxiliaire haber

présent	**imparfait**	**conditionnel**	**subj. présent**	**subj. imparfait**
he	había	habría	haya	hubiera
has	habías	habrías	hayas	hubieras
ha	había	habría	haya	hubiera
hemos	habíamos	habríamos	hayamos	hubiéramos
habéis	habíais	habríais	hayáis	hubierais
han	habían	habrían	hayan	hubieran

7 **Rédigez 5 phrases à l'irréel du présent, à la première personne du singulier *(Si j'étais..., je serais...)*, en faisant correspondre deux par deux les membres de phrase proposés ci-dessous.**

abrir la puerta | mi móvil / tener cobertura | ser más alto | hacer un gran viaje por América latina | hacer mal tiempo | jugar al baloncesto | tener la llave | escribir un mensaje | ponerme la gabardina | saber hablar español

a. Si ....

b. Si ....

c. Si ....

d. Si ....

e. Si ....

8 **Transposez les 5 phrases rédigées à l'exercice précédent à l'irréel du passé *(Si j'avais été…, j'aurais été…)***

a. Si ....

b. Si ....

c. Si ....

d. Si ....

e. Si ....

9 **Dans les phrases suivantes, complétez les temps composés avec une des formes proposées de l'auxiliaire *haber*.**

había — haya — habría — hubiera — ha

a. Si no .... comprado este cuaderno, no .... repasado la gramática.

b. No .... hecho tantos ejercicios en mi vida.

c. Cuando .... repasado toda la gramática, hablaré bastante mejor español.

d. Siempre me .... encantado aprender idiomas.

Bravo, vous êtes venu à bout du chapitre 16 ! Il est maintenant temps de comptabiliser les icônes et de reporter le résultat en page 128 pour l'évaluation finale.

Lexique et lecture 3 : s'habiller

S'habiller en Espagne

- **El Corte Inglés** reste l'enseigne traditionnelle du grand magasin à l'espagnole, désormais concurrencé dans le secteur de l'habillement par de grands groupes comme **Zara**, **Mango** ou **Cortefiel**. Ces derniers déclinent aussi des lignes plus jeunes : **Bershka**, **Pull&Bear** ou **Sfera**.
- Rayon chaussures, **Camper** – une vieille maison aujourd'hui dotée d'une image très « écolo » – propose des produits confortables et informels. Et pour la marche à pied et l'aventure, il suffit de pousser la porte de **Coronel Tapiocca**, qui équipe des pieds à la tête les amateurs de randonnée.
- Voici un petit lexique tout-terrain pour ce qui concerne l'habillement :

camisa: *chemise*
camiseta: *tee-shirt*
cazadora: *blouson*
chándal: *survêtement*
chaqueta: *veste*
deportivas: *baskets*
falda: *jupe*
gorra: *casquette*
pantalón: *pantalon*
ropa: *habits*
vaqueros: *jeans*
vestido: *robe*
zapatos: *chaussures*

1 **Classez les cinq fragments du texte de María Menéndez-Ponte, *No tengo nada que ponerme* (*Maldita adolescente*, Editorial SM, 2001), dans le bon ordre :**

........./........./........./........./.........

A
– Pues no sé... Con un top, una mini...
– Vamos, de lo que tienes lleno el armario.

C
– ¡Pero mamá, qué cursilada! Nadie va así vestida a una fiesta.
– ¿Cómo van entonces?

B
– Pues es bien mona.
– Sí, será monísima, pero tú no conoces a mis amigas, van todas de marca.
– ¡Vaya bobada!

E
– ¿Lleno, dices? A ver, ¿cuántas minifaldas tengo?
– Que yo recuerde, tres.
– Si cuentas las dos que no me sirven... Y encima la que tengo es de Continente. ¿Cómo voy a ir a una fiesta con una falda de Continente?

D
– Oye, ¿y qué te vas a poner?
– No tengo nada.
– ¿Cómo que no tienes nada? ¿Y el vestido de las Navidades?

2 Compréhension du texte précédent : pour chaque amorce de phrase, cochez la bonne suite.

a. Los dos personajes de este diálogo son…

☐ una madre y su hija. ☐ dos compañeras de colegio. ☐ dos hermanas.

b. La joven que habla va a ir…

☐ al colegio. ☐ a una actividad extraescolar. ☐ a una fiesta.

c. Según ella, sus amigas van a vestir…

☐ la ropa cotidiana. ☐ la ropa de Navidad. ☐ un top y una minifalda.

d. No quiere ponerse las faldas que tiene…

☐ porque no le gusta el color. ☐ porque no son de marca. ☐ porque son de marca.

3 D'après le contexte, quel vous semble être le sens de ces mots ou expressions ?

a. Una cursilada :

☐ quelque chose de démodé
☐ quelque chose de ridicule
☐ quelque chose de bon marché

b. ¡Vaya bobada!

☐ Quelle bêtise !
☐ Quelle classe !
☐ Quelle douleur !

c. Pues no sé… :

☐ Et puis ce n'est pas moi…
☐ Eh bien n'y va pas…
☐ Eh bien je ne sais pas…

d. Es bien mona :

☐ Elle est bien mignonne.
☐ Il n'y en a qu'une.
☐ Eh bien tant pis.

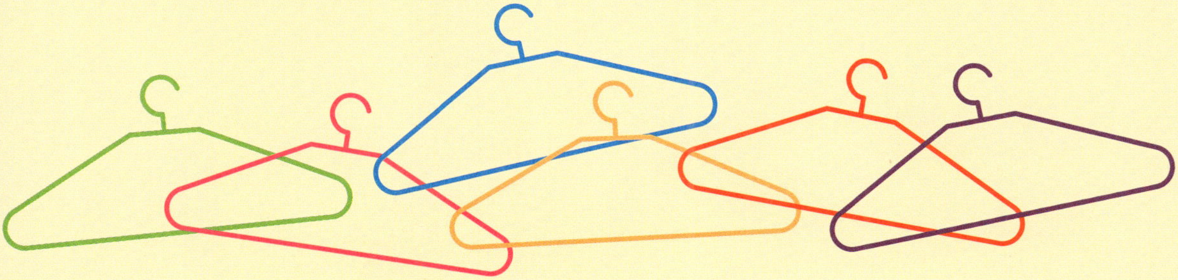

4 En vous servant des mots du texte, traduisez les phrases suivantes.

a. Ta jupe est peut-être de Continent, mais elle est très mignonne.

→ ....

b. Toutes mes amies portent des marques.

→ ....

c. Ton armoire est pleine de robes et de minijupes.

→ ....

d. Je ne veux pas aller habillée comme ça à une fête.

→ ....

e. Comment peux-tu dire que tu n'as rien à te mettre ?

→ ....

5 Saurez-vous retrouver le nom espagnol de chacun de ces habits, sans vous reporter à la page 110 ?

a. ....

b. ....

c. ....

d. ....

e. ....

f. ....

g. ....

h. ....

i. ....

6 **Et pour finir, un *damero maldito* ! Comme à la page 77, retrouvez les définitions, remplissez la grille, écrivez la phrase cachée et traduisez-la.**

a. Plato típico de España a base de arroz.

10	27	38	7	17	1

b. La madre de mi mujer.

2	35	18	23	12	22

c. Cuarenta y cinco entre tres.

14	24	6	40	34	8

d. Demostrativo y también letra del alfabeto.

16	9	30

e. Sentimiento que une a los amigos.

20	5	4	31	26	13	37

f. El día tiene veinticuatro.

19	41	39	36	3

g. Pronombre para el tratamiento formal.

15	25	32	11	28

h. 3ª persona del singular del presente de oír.

29	21	33

1	2	3	4	5	6	7
	8	9	10	11	12	13
	14	15	16		17	18
	19	20	21	22		23
24	25	26	27	28	29	
30	31	32	33		34	35
36	37	38	39	40	41	

i. La frase escondida es:

....

....

....

....

....

j. Y su traducción es:

....

....

....

....

....

Bravo, vous êtes venu à bout du chapitre Lexique et lecture 3 ! Il est maintenant temps de comptabiliser les icônes et de reporter le résultat en page 128 pour l'évaluation finale.

Tableaux de conjugaison

Infinitivo *(infinitif)*	Presente de indicativo *(indicatif présent)*		Presente de subjuntivo *(subjonctif présent)*		Imperativo *(impératif)*		Pretérito imperfecto de indicativo *(indicatif imparfait)*	
Les verbes réguliers								
Hablar *parler*	hablo hablas habla	hablamos habláis hablan	hable hables hable	hablemos habléis hablen	habla	hablad	hablaba hablabas hablaba	hablábamos hablabais hablaban
Aprender *apprendre*	aprendo aprendes aprende	aprendemos aprendéis aprenden	aprenda aprendas aprenda	aprendamos aprendáis aprendan	aprende	aprended	aprendía aprendías aprendía	aprendíamos aprendíais aprendían
Vivir *vivre*	vivo vives vive	vivimos vivís viven	viva vivas viva	vivamos viváis vivan	vive	vivid	vivía vivías vivía	vivíamos vivíais vivían
Les verbes à diphtongue e → ie o → ue								
Pensar *penser*	pienso piensas piensa	pensamos pensáis piensan	piense pienses piense	pensemos penséis piensen	piensa	pensad	pensaba pensabas pensaba	pensábamos pensabais pensaban
Entender *comprendre*	entiendo entiendes entiende	entendemos entendéis entienden	entienda entiendas entienda	entendamos entendáis entiendan	entiende	entended	entendía entendías entendía	entendíamos entendíais entendían
Contar *raconter*	cuento cuentas cuenta	contamos contáis cuentan	cuente cuentes cuente	contemos contéis cuenten	cuenta	contad	contaba contabas contaba	contábamos contabais contaban
Mover *bouger*	muevo mueves mueve	movemos movéis mueven	mueva muevas mueva	movamos mováis muevan	mueve	moved	movía movías movía	movíamos movíais movían
Les verbes à affaiblissement e → i								
Pedir *demander*	pido pides pide	pedimos pedís piden	pida pidas pida	pidamos pidáis pidan	pide	pedid	pedía pedías pedía	pedíamos pedíais pedían
Même modèle pour : seguir, corregir, despedir, elegir, impedir, medir, servir, vestir.								

Pretérito indefinido *(passé simple)*		Pretérito imperfecto de subjuntivo *(subjonctif imparfait)*		Futuro *(futur)*		Condicional *(conditionnel)*		Gerundio / Part. pasivo *(part. présent / passé)*	
hablé	hablamos	hablara	habláramos	hablaré	hablaremos	hablaría	hablaríamos	g.	hablando
hablaste	hablasteis	hablaras	hablarais	hablarás	hablaréis	hablarías	hablaríais	p.p.	hablado
habló	hablaron	hablara	hablaran	hablará	hablarán	hablaría	hablarían		
aprendí	aprendimos	aprendiera	aprendiéramos	aprenderé	aprenderemos	aprendería	aprenderíamos	g.	aprendiendo
aprendiste	aprendisteis	aprendieras	aprendierais	aprenderás	aprenderéis	aprenderías	aprenderíais	p.p.	aprendido
aprendió	aprendieron	aprendiera	aprendieran	aprenderá	aprenderán	aprendería	aprenderían		
viví	vivimos	viviera	viviéramos	viviré	viviremos	viviría	viviríamos	g.	viviendo
viviste	vivisteis	vivieras	vivierais	vivirás	viviréis	vivirías	viviríais	p.p.	vivido
vivió	vivieron	viviera	vivieran	vivirá	vivirán	viviría	vivirían		
pensé	pensamos	pensara	pensáramos	pensaré	pensaremos	pensaría	pensaríamos	g.	pensando
pensaste	pensasteis	pensaras	pensarais	pensarás	pensaréis	pensarías	pensaríais	p.p.	pensado
pensó	pensaron	pensara	pensaran	pensará	pensarán	pensaría	pensarían		
entendí	entendimos	entendiera	entendiéramos	entenderé	entenderemos	entendería	entenderíamos	g.	entendiendo
entendiste	entendisteis	entendieras	entendierais	entenderás	entenderéis	entenderías	entenderíais	p.p.	entendido
entendió	entendieron	entendiera	entendieran	entenderá	entenderán	entendería	entenderían		
conté	contamos	contara	contáramos	contaré	contaremos	contaría	contaríamos	g.	contando
contaste	contasteis	contaras	contarais	contarás	contaréis	contarías	contaríais	p.p.	contado
contó	contaron	contara	contaran	contará	contarán	contaría	contarían		
moví	movimos	moviera	moviéramos	moveré	moveremos	movería	moveríamos	g.	moviendo
moviste	movisteis	movieras	movierais	moverás	moveréis	moverías	moveríais	p.p.	movido
movió	movieron	moviera	movieran	moverá	moverán	movería	moverían		
pedí	pedimos	pidiera	pidiéramos	pediré	pediremos	pediría	pediríamos	g.	pidiendo
pediste	pedisteis	pidieras	pidierais	pedirás	pediréis	pedirías	pediríais	p.p.	pedido
pidió	pidieron	pidiera	pidieran	pedirá	pedirán	pediría	pedirían		
Même modèle pour : seguir, corregir, despedir, elegir, impedir, medir, servir, vestir.									

Infinitivo *(infinitif)*	Presente de indicativo *(indicatif présent)*		Presente de subjuntivo *(subjonctif présent)*		Imperativo *(impératif)*		Pretérito imperfecto de indicativo *(indicatif imparfait)*	
Les verbes à alternance e → ie et i o → ue et u								
Sentir *sentir, ressentir*	**siento** **sientes** **siente**	**sentimos** **sentís** **sienten**	**sienta** **sientas** **sienta**	**sintamos** **sintáis** **sientan**	**siente**	**sentid**	**sentía** **sentías** **sentía**	**sentíamos** **sentíais** **sentían**
Même modèle pour : divertir, mentir, preferir, sugerir.								
Dormir *dormir*	**duermo** **duermes** **duerme**	**dormimos** **dormís** **duermen**	**duerma** **duermas** **duerma**	**durmamos** **durmáis** **duerman**	**duerme**	**dormid**	**dormía** **dormías** **dormía**	**dormíamos** **dormíais** **dormían**
Même modèle pour : morir.								
Les verbes en -acer / -ecer / -ocer / -ucir, type conocer c → zc								
Conocer *connaître*	**conozco** **conoces** **conoce**	**conocemos** **conocéis** **conocen**	**conozca** **conozcas** **conozca**	**conozcamos** **conozcáis** **conozcan**	**conoce**	**conoced**	**conocía** **conocías** **conocía**	**conocíamos** **conocíais** **conocían**
Même modèle pour : nacer, obedecer, padecer, parecer, pertenecer, relucir.								
Les verbes en -ducir, type conducir c → zc c → j								
Conducir *conduire*	**conduzco** **conduces** **conduce**	**conducimos** **conducís** **conducen**	**conduzca** **conduzcas** **conduzca**	**conduzcamos** **conduzcáis** **conduzcan**	**conduce**	**conducid**	**conducía** **conducías** **conducía**	**conducíamos** **conducíais** **conducían**
Même modèle pour : deducir, introducir, producir, traducir, seducir.								

Pretérito indefinido *(passé simple)*	**Pretérito imperfecto de subjuntivo** *(subjonctif imparfait)*	**Futuro** *(futur)*	**Condicional** *(conditionnel)*	**Gerundio / Part. pasivo** *(part. présent / passé)*
sentí sentimos sentiste sentisteis sintió sintieron	sintiera sintiéramos sintieras sintierais sintiera sintieran	sentiré sentiremos sentirás sentiréis sentirá sentirán	sentiría sentiríamos sentirías sentiríais sentiría sentirían	g. sintiendo p.p. sentido
Même modèle pour : divertir, mentir, preferir, sugerir.				
dormí dormimos dormiste dormisteis durmió durmieron	durmiera durmiéramos durmieras durmierais durmiera durmieran	dormiré dormiremos dormirás dormiréis dormirá dormirán	dormiría dormiríamos dormirías dormiríais dormiría dormirían	g. durmiendo p.p. dormido
Même modèle pour : morir.				
conocí conocimos conociste conocisteis conoció conocieron	conociera conociéramos conocieras conocierais conociera conocieran	conoceré conoceremos conocerás conoceréis conocerá conocerán	conocería conoceríamos conocerías conoceríais conocería conocerían	g. conociendo p.p. conocido
Même modèle pour : nacer, obedecer, padecer, parecer, pertenecer, relucir.				
conduje condujimos condujiste condujisteis condujo condujeron	condujera condujéramos condujeras condujerais condujera condujeran	conduciré conduciremos conducirás conduciréis conducirá conducirán	conduciría conduciríamos conducirías conduciríais conduciría conducirían	g. conduciendo p.p. conducido
Même modèle pour : deducir, introducir, producir, traducir, seducir.				

Infinitivo (*infinitif*)	Presente de indicativo (*indicatif présent*)		Presente de subjuntivo (*subjonctif présent*)		Imperativo (*impératif*)		Pretérito imperfecto de indicativo (*indicatif imparfait*)	
Autres verbes irréguliers								
Andar *marcher*	ando andas anda	andamos andáis andan	ande andes ande	andemos andéis anden	anda	andad	andaba andabas andaba	andábamos andabais andaban
Caber *rentrer, tenir*	quepo cabes cabe	cabemos cabéis caben	quepa quepas quepa	quepamos quepáis quepan	–	cabed	cabía cabías cabía	cabíamos cabíais cabían
Caer *tomber*	caigo caes cae	caemos caéis caen	caiga caigas caiga	caigamos caigáis caigan	cae	caed	caía caías caía	caíamos caíais caían
Dar *donner*	doy das da	damos dais dan	dé des dé	demos deis den	da	dad	daba dabas daba	dábamos dabais daban
Decir *dire*	digo dices dice	decimos decís dicen	diga digas diga	digamos digáis digan	di	decid	decía decías decía	decíamos decíais decían
Estar *être*	estoy estás está	estamos estáis están	esté estés esté	estemos estéis estén	está	estad	estaba estabas estaba	estábamos estabais estaban
Haber *auxiliaire avoir*	he has ha	hemos habéis han	haya hayas haya	hayamos hayáis hayan	–	–	había habías había	habíamos habíais habían
Hacer *faire*	hago haces hace	hacemos hacéis hacen	haga hagas haga	hagamos hagáis hagan	haz	haced	hacía hacías hacía	hacíamos hacíais hacían
Ir *aller*	voy vas va	vamos vais van	vaya vayas vaya	vayamos vayáis vayan	ve	id	iba ibas iba	íbamos ibais iban
Oír *entendre*	oigo oyes oye	oímos oís oyen	oiga oigas oiga	oigamos oigáis oigan	oye	oíd	oía oías oía	oíamos oíais oían
Poder *pouvoir*	puedo puedes puede	podemos podéis pueden	pueda puedas pueda	podamos podáis puedan	–	–	podía podías podía	podíamos podíais podían

Pretérito indefinido (*passé simple*)		Pretérito imperfecto de subjuntivo (*subjonctif imparfait*)		Futuro (*futur*)		Condicional (*conditionnel*)		Gerundio / Part. pasivo (*part. présent / passé*)	
anduve anduviste anduvo	anduvimos anduvisteis anduvieron	anduviera anduvieras anduviera	anduviéramos anduvierais anduvieran	andaré andarás andará	andaremos andaréis andarán	andaría andarías andaría	andaríamos andaríais andarían	g. p.p.	andando andado
cupe cupiste cupo	cupimos cupisteis cupieron	cupiera cupieras cupiera	cupiéramos cupierais cupieran	cabré cabrás cabrá	cabremos cabréis cabrán	cabría cabrías cabría	cabríamos cabríais cabrían	g. p.p.	cabiendo cabido
caí caíste cayó	caímos caísteis cayeron	cayera cayeras cayera	cayéramos cayerais cayeran	caeré caerás caerá	caeremos caeréis caerán	caería caerías caería	caeríamos caeríais caerían	g. p.p.	cayendo caído
di diste dio	dimos disteis dieron	diera dieras diera	diéramos dierais dieran	daré darás dará	daremos daréis darán	daría darías daría	daríamos daríais darían	g. p.p.	dando dado
dije dijiste dijo	dijimos dijisteis dijeron	dijera dijeras dijera	dijéramos dijerais dijeran	diré dirás dirá	diremos diréis dirán	diría dirías diría	diríamos diríais dirían	g. p.p.	diciendo dicho
estuve estuviste estuvo	estuvimos estuvisteis estuvieron	estuviera estuvieras estuviera	estuviéramos estuvierais estuvieran	estaré estarás estará	estaremos estaréis estarán	estaría estarías estaría	estaríamos estaríais estarían	g. p.p.	estando estado
hube hubiste hubo	hubimos hubisteis hubieron	hubiera hubieras hubiera	hubiéramos hubierais hubieran	habré habrás habrá	habremos habréis habrán	habría habrías habría	habríamos habríais habrían	g. p.p.	habiendo habido
hice hiciste hizo	hicimos hicisteis hicieron	hiciera hicieras hiciera	hiciéramos hicierais hicieran	haré harás hará	haremos haréis harán	haría harías haría	haríamos haríais harían	g. p.p.	haciendo hecho
fui fuiste fue	fuimos fuisteis fueron	fuera fueras fuera	fuéramos fuerais fueran	iré irás irá	iremos iréis irán	iría irías iría	iríamos iríais irían	g. p.p.	yendo ido
oí oíste oyó	oímos oísteis oyeron	oyera oyeras oyera	oyéramos oyerais oyeran	oiré oirás oirá	oiremos oiréis oirán	oiría oirías oiría	oiríamos oiríais oirían	g. p.p.	oyendo oído
pude pudiste pudo	pudimos pudisteis pudieron	pudiera pudieras pudiera	pudiéramos pudierais pudieran	podré podrás podrá	podremos podréis podrán	podría podrías podría	podríamos podríais podrían	g. p.p.	pudiendo podido

Infinitivo *(infinitif)*	Presente de indicativo *(indicatif présent)*	Presente de subjuntivo *(subjonctif présent)*	Imperativo *(impératif)*	Pretérito imperfecto de indicativo *(indicatif imparfait)*
Autres verbes irréguliers				
Poner *mettre, poser*	pongo ponemos pones ponéis pone ponen	ponga pongamos pongas pongáis ponga pongan	pon poned	ponía poníamos ponías poníais ponía ponían
Querer *vouloir, aimer*	quiero queremos quieres queréis quiere quieren	quiera queramos quieras queráis quiera quieran	quiere quered	quería queríamos querías queríais quería querían
Saber *savoir*	sé sabemos sabes sabéis sabe saben	sepa sepamos sepas sepáis sepa sepan	sabe sabed	sabía sabíamos sabías sabíais sabía sabían
Salir *sortir, partir*	salgo salimos sales salís sale salen	salga salgamos salgas salgáis salga salgan	sal salid	salía salíamos salías salíais salía salían
Ser *être*	soy somos eres sois es son	sea seamos seas seáis sea sean	sé sed	era éramos eras erais era eran
Tener *avoir, posséder*	tengo tenemos tienes tenéis tiene tienen	tenga tengamos tengas tengáis tenga tengan	ten tened	tenía teníamos tenías teníais tenía tenían
Traer *apporter*	traigo traemos traes traéis trae traen	traiga traigamos traigas traigáis traiga traigan	trae traed	traía traíamos traías traíais traía traían
Valer *valoir*	valgo valemos vales valéis vale valen	valga valgamos valgas valgáis valga valgan	vale valed	valía valíamos valías valíais valía valían
Venir *venir*	vengo venimos vienes venís viene vienen	venga vengamos vengas vengáis venga vengan	ven venid	venía veníamos venías veníais venía venían
Ver *voir*	veo vemos ves veis ve ven	vea veamos veas veáis vea vean	ve ved	veía veíamos veías veíais veía veían

Pretérito indefinido (passé simple)		Pretérito imperfecto de subjuntivo (subjonctif imparfait)		Futuro (futur)		Condicional (conditionnel)		Gerundio / Part. pasivo (part. présent / passé)	
puse pusiste puso	pusimos pusisteis pusieron	pusiera pusieras pusiera	pusiéramos pusierais pusieran	pondré pondrás pondrá	pondremos pondréis pondrán	pondría pondrías pondría	pondríamos pondríais pondrían	g. p. p.	poniendo puesto
quise quisiste quiso	quisimos quisisteis quisieron	quisiera quisieras quisiera	quisiéramos quisierais quisieran	querré querrás querrá	querremos querréis querrán	querría querrías querría	querríamos querríais querrían	g. p. p.	queriendo querido
supe supiste supo	supimos supisteis supieron	supiera supieras supiera	supiéramos supierais supieran	sabré sabrás sabrá	sabremos sabréis sabrán	sabría sabrías sabría	sabríamos sabríais sabrían	g. p. p.	sabiendo sabido
salí saliste salió	salimos salisteis salieron	saliera salieras saliera	saliéramos salierais salieran	saldré saldrás saldrá	saldremos saldréis saldrán	saldría saldrías saldría	saldríamos saldríais saldrían	g. p. p.	saliendo salido
fui fuiste fue	fuimos fuisteis fueron	fuera fueras fuera	fuéramos fuerais fueran	seré serás será	seremos seréis serán	sería serías sería	seríamos seríais serían	g. p. p.	siendo sido
tuve tuviste tuvo	tuvimos tuvisteis tuvieron	tuviera tuvieras tuviera	tuviéramos tuvierais tuvieran	tendré tendrás tendrá	tendremos tendréis tendrán	tendría tendrías tendría	tendríamos tendríais tendrían	g. p. p.	teniendo tenido
traje trajiste trajo	trajimos trajisteis trajeron	trajera trajeras trajera	trajéramos trajerais trajeran	traeré traerás traerá	traeremos traeréis traerán	traería traerías traería	traeríamos traeríais traerían	g. p. p.	trayendo traído
valí valiste valió	valimos valisteis valieron	valiera valieras valiera	valiéramos valierais valieran	valdré valdrás valdrá	valdremos valdréis valdrán	valdría valdrías valdría	valdríamos valdríais valdrían	g. p. p.	valiendo valido
vine viniste vino	vinimos vinisteis vinieron	viniera vinieras viniera	viniéramos vinierais vinieran	vendré vendrás vendrá	vendremos vendréis vendrán	vendría vendrías vendría	vendríamos vendríais vendrían	g. p. p.	viniendo venido
vi viste vio	vimos visteis vieron	viera vieras viera	viéramos vierais vieran	veré verás verá	veremos veréis verán	vería verías vería	veríamos veríais verían	g. p. p.	viendo visto

1. Les signes et les sons

1 **a. DVD** *(DE UVE DE)* **b. GPS** *(GE PE ESE)* **c. DNI** *(DE ENE I)* **d. WWW** *(UVE DOBLE UVE DOBLE UVE DOBLE)* **e. ONG** *(O ENE GE)* **f. HTTP** *(HACHE TE TE PE)*.

2 **a. Comme [ss] en français :** Sal, Sol, Sur, Semáforo, Silla, Salsa **b. Comme [th] en anglais :** Zorro, Cero, Zapato, Ciruela, Zoológico, Zumo **c. Comme la jota espagnole :** Julio, Jamón, Gitano, Girasol, Jirafa, Gel **d. Comme [g] dans go en français :** Guitarra, Guerra, Gorra, Gafas, Gato, Golondrina **e. Comme [k] en français :** Queso, Cumpleaños, Calor, Quizás, Camino, Colega.

3

	■□□	□■□	□□■	□■	■□
a. Francia					▯
b. México	▯				
c. España		▯			
d. Portugal			▯		
e. Perú				▯	
f. Bélgica	▯				
g. Canadá			▯		
h. Argelia		▯			
i. Suiza					▯
j. Brasil				▯	

4 **a.** paella □■□ **b.** gambas ■□ **c.** arroz □■ **d.** cerveza □■□ **e.** mujer □■ **f.** salud □■ **g.** voleibol □□■ **h.** Esteban □■□ **i.** estadio □■□ **j.** pasaporte □□■□ **k.** Valladolid □□□■ **l.** martes ■□.

5 **a.** francés **b.** Cádiz **c.** fútbol **d.** café **e.** París **f.** dólar **g.** menú **h.** sofá **i.** sándwich **j.** módem **k.** váter **l.** jamón.

6 **a.** dos árboles **b.** dos ingleses **c.** dos balones **d.** dos andenes **e.** dos móviles.

7 **a.** un alemán **b.** un portátil **c.** un papel **d.** un danés **e.** un mitin.

8 **a.** ¡Encantado! **b.** ¿Hablas español? **c.** ¡Bienvenido! **d.** ¿De dónde eres? **e.** ¡Hola! **f.** ¿Cómo te llamas?

9 **a.** hache te te pe dos puntos barra doble uve doble uve doble uve doble punto assimil punto com **b.** belén guión bajo ausejo arroba hotmail punto com **c.** juan guión cordoba arroba gemail punto com.

2. Articles, noms, adjectifs et numéraux

1 **a.** Mujeres al borde de un ataque de nervios **b.** La cabaña del tío Tom **c.** El señor de los anillos **d.** La guerra de las galaxias **e.** Blancanieves y los siete enanos **f.** El libro de la selva.

2 **a.** El precio de la tortilla. **b.** Quiero tortilla. **c.** Quiero una tortilla. **d.** Quiero manzanas. **e.** El precio de los huevos. **f.** Quiero huevos. **g.** Quiero vino. **h.** Quiero un pan.

3 **a.** El producto del mercado. **b.** La imagen de la ciudad. **c.** La ley del país.

4 **Féminin singulier :** la estudiante seria / la directora alegre / la tenista triste / la chica simpática / la pianista famosa / la escritora interesante / la amiga fiel / la cantante actual. **Masculin singulier :** el estudiante serio / el director alegre / el tenista triste / el chico simpático / el pianista famoso / el escritor interesante / el amigo fiel / el cantante actual. **Féminin pluriel :** las estudiantes serias / las directoras alegres / las tenistas tristes / las chicas simpáticas / las pianistas famosas / las escritoras interesantes / las amigas fieles / las cantantes actuales. **Masculin pluriel :** los estudiantes serios / los directores alegres / los tenistas tristes / los chicos simpáticos / los pianistas famosos / los escritores interesantes / los amigos fieles / los cantantes actuales.

5 **a.** La sangre es roja. **b.** Los árboles son marrones. **c.** La leche es blanca. **d.** Tus ojos son azules como el cielo. **e.** La hierba es verde. **f.** Las panteras son negras. **g.** El jamón de York es rosa. **h.** Los limones son amarillos.

6 **a.** Barack es estadounidense. Es de Nueva York. **b.** Jacques es belga. Es de Bruselas. **c.** Samia es marroquí. Es de Rabat. **d.** Fernanda es portuguesa. Es de Lisboa. **e.** Hinge es alemana. Es de Berlín. **f.** Guadalupe es mexicana. Es de Cancún.

7 **a.** siete por once igual setenta y siete **b.** treinta y tres menos ocho igual veinticinco **c.** catorce más quince igual veintinueve **d.** ochenta y cuatro entre cuatro igual veintiuno.

8 **a.** cincuenta y siete **b.** ochenta y seis **c.** cuarenta y uno **d.** quince **e.** novecientos uno **f.** setecientos ocho **g.** dos **h.** cuatrocientos veintiuno **i.** tres mil trescientos treinta **j.** ciento sesenta y cuatro **k.** quinientos doce **l.** ciento noventa y nueve **m.** siete mil doscientos siete.

9 **a.** Trescientas cuarenta y siete manzanas. **b.** Dos mil quinientas trece amigas. **c.** Mil novecientas veintiocho tortillas.

3. Le pronom personnel et la conjugaison

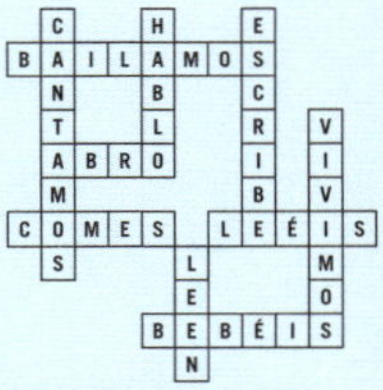

1 **a.** Vous lisez : Leéis
b. Nous chantons : Cantamos
c. Il écrit : Escribe
d. Je parle : Hablo
e. J'ouvre : Abro
f. Nous dansons : Bailamos
g. Ils lisent : Leen
h. Tu manges : Comes
i. Vous buvez : Bebéis
j. Nous vivons : Vivimos.

B	A	I	L	O	U	T	X	E	I
E	R	T	A	L	H	A	B	L	E
B	O	L	L	Y	A	V	I	V	E
E	S	C	R	I	B	Í	S	T	O
M	U	A	C	H	L	O	L	O	T
O	C	N	T	O	A	B	R	E	S
S	O	T	I	U	M	B	C	H	E
O	M	A	N	G	O	E	L	F	P
T	A	N	X	Y	S	V	N	A	R

2 **a.** bailo : je danse **b.** vive : il vit **c.** escribís : vous écrivez **d.** abres : tu ouvres **e.** bebemos : nous buvons **f.** cantan : ils chantent **g.** hablamos : nous parlons **h.** comen : ils mangent **i.** habla : il parle **j.** lee : il lit.

3 **a.** Los leo. **b.** Lo compro. **c.** Los como. **d.** La toco. **e.** Las quiero. **f.** Las canto. **g.** La escribo. **h.** Lo hablo.

4 **a.** Nos escribe cartas. **b.** Nos las escribe. **c.** Os escribimos un mail. **d.** Os lo escribimos. **e.** Me lees libros. **f.** Me los lees. **g.** Te abren los brazos. **h.** Te los abren. **i.** Les abrimos la puerta. **j.** Se la abrimos. **k.** Le leo poesías. **l.** Se las leo.

5 **a.** El libro es para ellas. **b.** Cantas para mí. **c.** Bailamos delante de ellos. **d.** Coméis después de nosotros. **e.** Hablan de vosotros. **f.** Como sin ti. **g.** Quiere comer conmigo.

6 **a.** Me lavo las manos antes de comer. **b.** Me lavo los dientes después de comer. **c.** Como delante de la tele. **d.** Echo la siesta después de comer. **e.** Se esconde detrás de un árbol.

7 **a.** A ellos no les gustan los ordenadores. **b.** A nosotras nos gustan las gambas. **c.** A mí me horrorizan los ordenadores. **d.** A ti te encantan las gambas. **e.** A vosotros os gusta España. **f.** A él no le gusta leer libros.

8 **a.** ¿Cómo se llama usted? **b.** ¿Dónde vive usted? **c.** ¿Le gusta la paella? **d.** ¡No le comprendo! **e.** ¿Habla usted español? **f.** ¿Es usted francesa? **g.** Quiero hablar con usted.

4. Les possessifs, les démonstratifs, les indéfinis

1 **a.** Son mis cartas. **b.** Es nuestro pasaporte. **c.** Son vuestras guitarras. **d.** Son sus móviles. **e.** Son sus colegas. **f.** Es vuestro libro. **g.** Es tu perro. **h.** Son tus profesores. **i.** Son nuestras guitarras. **j.** Es su portátil. **k.** Es mi amigo. **l.** Es su balón.

2 **a.** No es mi libro, es el tuyo. **b.** No son mis gafas, son las tuyas. **c.** No son mis amigos, son los tuyos. **d.** No es tu carta, es la mía. **e.** No es tu abuela, es la suya. **f.** No son mis primas, son las suyas. **g.** No es tu padre, es el suyo. **h.** No es su ordenador, es el mío. **i.** No son sus discos, son los míos.

3 **a.** La perra no es nuestra. **b.** El portátil es mío. **c.** Los libros son suyos / son de ellos. **d.** La guitarra no es tuya. **e.** Las manzanas no son vuestras. **f.** Los discos no son tuyos.

4 **Hablo con un colega:** tratamiento de tú **a.** ¿Es tu/tuya la cerveza? **b.** ¿Son tus/tuyas las gambas? **c.** ¿Son tus/tuyos los discos? **d.** ¿Es tu/tuyo el móvil?
Hablo con mis hermanos: tratamiento de tú **e.** ¿Es vuestro/vuestro el libro? **f.** ¿Es vuestra/vuestra la consola? **g.** ¿Son vuestros/vuestros los patines? **h.** ¿Son vuestras/vuestras las camisetas?
Hablo con la abuela de un amigo: tratamiento de usted **i.** ¿Es su/suyo el té? **j.** ¿Es su/suya la revista? **k.** ¿Son sus/suyos los zapatos? **l.** ¿Son sus/suyas las gafas?

5 **a.** No comprendo nada. *Je ne comprends rien.* **b.** Aquí nadie canta. *Ici personne ne chante.* **c.** No quiero nada. *Je ne veux rien.* **d.** Nadie me comprende. *Personne ne me comprend.* **e.** No comprendo a nadie. *Je ne comprends personne.* **f.** No es nada simpático. *Il n'est pas du tout sympathique.* **g.** Aquí no vive nadie. *Personne n'habite ici.* **h.** Nadie me quiere. *Personne ne m'aime.*

6 **a.** ¿Comprendes algo? *Tu comprends quelque chose ?* **b.** ¿A alguien no le gusta la paella? *Quelqu'un n'aime pas la paella ?* **c.** ¿Quieres beber algo? *Tu veux boire quelque chose ?* **d.** ¿Quieres algo? *Tu veux quelque chose ?* **e.** Quiero hablar con alguien. *Je veux parler à quelqu'un.* **f.** ¡Alguien te llama por teléfono! *Quelqu'un t'appelle au téléphone !* **g.** ¿Vive alguien aquí? *Est-ce que quelqu'un habite ici ?* **h.** Hablo algo de inglés. *Je parle un peu anglais.*

7 **a.** Me gusta bañarme aquí, en esta playa. **b.** Aquella playa, allí, es muy peligrosa. **c.** ¿Qué es eso que llevas ahí? **d.** ¿Comemos aquí, en este restaurante? **e.** ¿Qué es aquello que veo allí? **f.** Escribe tu número ahí, en esa libreta.

8 **a.** *J'aime me baigner ici, dans cette plage.* **b.** *Cette plage, là-bas, est très dangereuse.* **c.** *Qu'est-ce que tu portes là ?* **d.** *Nous mangeons ici, dans ce restaurant ?* **e.** *Qu'est-ce que je vois là-bas ?* **f.** *Écris ton numéro là, sur ce calepin.*

9 **a.** ¿Es tuyo ese bolígrafo, ahí en tu mesa? **b.** Quiero estas manzanas, aquí, las rojas. **c.** En aquellos tiempos, no existían los ordenadores. **d.** Yo vivo aquí, en esta casa azul. **e.** Mi abuelo vive allí, en aquella casa verde. **f.** ¿Son vuestros esos zapatos, ahí en el suelo?

5. *Ser*, *estar* et la forme progressive

1 **a.** Soy española. **b.** Eres médico. **c.** Es alta. **d.** Son simpáticos. **e.** Estáis cansados. **f.** Estáis indignadas. **g.** Estamos contentas. **h.** Son creyentes. **i.** Estás enfermo.

2 **a.** Las aceitunas son buenas para la salud. **b.** Estas aceitunas están muy buenas. **c.** Este perro es muy vivo. **d.** ¡El perro está vivo! **e.** Mi padre es muy joven. **f.** Mi padre está muy joven. **g.** Mis hermanas son morenas. **h.** Mis hermanas están morenas. **i.** ¡Qué guapa eres! **j.** ¡Qué guapa estás!

3 **a.** La solución no es evidente. **b.** Nosotros estamos en París. **c.** El problema no está ahí. **d.** ¿Qué día es hoy? **e.** Yo soy francés, soy de París. **f.** Es la una de la tarde. **g.** La fiesta nacional es el 12 de octubre. **h.** ¿Qué hora es? **i.** La solución está en el trabajo. **j.** Mi cumpleaños es en primavera. **k.** No te veo: ¿dónde estás? **l.** Perdón, ¿a qué día estamos hoy? **m.** El problema es importante. **n.** El interés de la película está en los personajes. **o.** Pedro no está en casa. **p.** Es la una de la mañana. **q.** Nochebuena es la noche del 24 de diciembre.

4 **a.** Estoy abriendo la puerta. **b.** ¿A quién estáis llamando? **c.** Estamos comprando el pan.

5 **Gérondif :** bailando – bebiendo – tocando – hablando – comiendo – viviendo.

Infinitif : bailar – beber – tocar – hablar – comer – vivir.

B	A	I	L	A	N	D	O	O
U	C	F	Y	B	O	I	D	D
T	U	O	H	E	U	N	N	N
R	N	U	M	B	E	D	A	A
E	D	L	A	I	T	O	C	L
D	I	L	V	E	E	N	O	B
O	T	I	O	N	A	N	T	A
N	V	T	U	D	H	A	D	H
A	E	C	N	O	C	U	R	O

6 **a.** Pedro y Juan están comiendo una buena paella. **b.** Yo estoy bebiendo vino y tú estás bebiendo cerveza. **c.** Mi hermano está tocando la guitarra con sus amigos. **d.** Este año nosotros estamos viviendo en Londres. **e.** Lo que vosotros estáis bailando no es reggaetón, es cumbia. **f.** ¿De qué me estás hablando. ¡No te entiendo!

7 **a.** ¡Soy yo! **b.** ¡Somos nosotros! **c.** ¡Son ellos! **d.** ¡Es usted!

8 **a.** Este anillo no es de oro. **b.** ¿De quién es este anillo? **c.** Tú estás de buen humor. **d.** ¿Usted es de Madrid? **e.** ¿Usted es de aquí? **f.** No, nosotros no somos de aquí. **g.** Nosotros estamos de viaje por España. **h.** Yo estoy de fiesta con unos amigos.

9 Hola, ¿está Carmen? / Sí, soy yo. / ¡Carmen! Soy Juan, ¿cómo estás? / ¡Juan! ¡Qué contenta estoy de hablar contigo! ¿Dónde estás? / Estamos de fin de semana en Londres Isabel y yo.

6. Le présent irrégulier et la phrase simple

1 **a.** Los niños mienten frecuentemente a sus padres. **b.** Yo me divierto mucho con la consola. **c.** Cuando vuelvo del trabajo, estoy muy cansado. **d.** Cuando estamos lejos, no nos acordamos de las personas. **e.** ¿Tú entiendes lo que te estoy explicando? **f.** Te quiero mucho y pienso mucho en ti. **g.** ¿Vosotros cerráis la puerta con llave cuando salís? **h.** La clase comienza cuando los alumnos se sientan. **i.** Los abuelos siempre cuentan historias a sus nietos. **j.** Nosotros perdemos mucho tiempo jugando con la Play. **k.** ¡Solo tiene dos años y ya puede contar hasta diez! **l.** ¿Vosotros dormís la siesta por las tardes?

2 **a.** No, no conozco Barcelona. **b.** No, no oigo nada. **c.** No, no salgo a pasear. **d.** No, no me pongo la gabardina. **e.** No, no conduzco bien. **f.** No, no hago nada. **g.** No, no digo nada. **h.** No, no tengo dinero. **i.** No, no vengo contigo. **j.** No, no traduzco del inglés. **k.** No, no te reconozco. **l.** No, no te obedezco.

3 **a.** ¿Cómo estás? **b.** ¿Cuánto cuesta? **c.** ¿Cuál es tu coche? **d.** ¿Cuándo es tu cumpleaños? **e.** ¿Cuáles son tus zapatos? **f.** ¿Quiénes son los padres de este niño? **g.** ¿Cuánta leche quiere? **h.** ¿Qué quieres? **i.** ¿Cuántos hermanos tienes? **j.** ¿Cuántas hermanas tienes? **k.** ¿Dónde vives? **l.** ¿Quién es el siguiente?

4 **a.** ¡Cuánto habla mi suegra! **b.** ¡Qué difíciles son estos problemas! **c.** ¡Cuántas amigas tienes en facebook! **d.** ¡Qué alta es esta chica! **e.** ¡Cuánto duermen los bebés! **f.** ¡Cuántos perros hay en esta casa! **g.** ¡Qué tarde venís! **h.** ¡Cuánto dinero tiene este hombre!

5 **a.** ¡Qué libro más (tan) interesante! **b.** ¡Qué perra más (tan) simpática! **c.** ¡Qué playas más (tan) bonitas! **d.** ¡Qué coches más (tan) rápidos!

6 **a.** ¡Qué cansado parece este niño! **b.** ¡Qué cansado estoy! **c.** ¡Qué aspecto más cansado tienes! **d.** ¡Qué perro más listo tiene Miguel! **e.** ¡Qué cosas más divertidas cuentan mis amigos! **f.** ¡Qué libros más interesantes escribe usted! **g.** ¡Qué tarde comen los españoles!

7 **a.** José tiene cuarenta y cinco años, Pedro cincuenta y Juan treinta y ocho: José es mayor que Juan y menor que Pedro. **b.** Vivir en una ciudad es mejor para las diversiones pero el aire es de peor calidad que en el campo.

8 **a.** Conozco menos ciudades que tú. **b.** Tengo más libros que él. **c.** La cerveza es tan cara como en Francia. **d.** Trabajo tantas horas como tú. **e.** Trabaja tanto como yo. **f.** Son tan altos como tontos.

Lexique et lecture 1 : identité et famille

1 (4) Soy de Madrid. (5) ¿A qué te dedicas? (1) Hola, me llamo Ana, ¿y tú, cómo te llamas? (3) Encantada. Soy argentina. Y tú, ¿de dónde eres? (6) Trabajo en un hospital, soy enfermero. (2) Hola, yo soy Luis. Encantado.

2 ¿Cómo se llama el fotógrafo? → Se llama Ángel Ruiz Pellicer. / ¿A qué se dedica Rosana Bisbal Antón? → Es comercial / ¿Dónde vive la abogada? → Vive en Acapulco. / ¿Cuál es el número de teléfono del periodista? → Es el 933547677.

3 **a.** ¿Cómo se llama el periodista? **b.** ¿A qué se dedica Angel Ruiz Pellicer? **c.** ¿Dónde vive Rosana Bisbal Antón? **d.** ¿Cuál es el número de teléfono de la abogada?

4 **a.** 274 de cada mil mujeres. **b.** 7 de cada cien residentes. **c.** Uno de cada diez hombres. **d.** Tres de cada cuatro mujeres.

5 **a.** Verdadero **b.** Falso **c.** Verdadero **d.** Verdadero **e.** Falso **f.** Falso.

6

	1900 1910	1910 1920	1930 1940	1940 1950	1950 1960	1960 1970	1970 1980	1980 1990	1990 2000	2000 ....
Adrián										✗ ✗
Alejandro										✗
José Antonio					✗	✗				
Daniel										✗ ✗
David							✗	✗	✗	
José	✗	✗	✗	✗						
Pablo										✗ ✗

7 **a.** El siglo XXI. **b.** Comienzos del siglo XX. **c.** Finales de los años treinta. **d.** Hasta finales de los años cincuenta. **e.** A partir de comienzos de los años ochenta. **f.** El siglo XX.

8 De gauche à droite et de bas en haut : José, Carmen / Javier, María, Julia, Lorenzo, Antonio, Rocío / Dolores, Andrés, Lucía, Paula, Juan, Luisa.

7. Nuances de l'action et présent irrégulier

1 **a.** Vuelve a llamar a su hijo. **b.** Volvéis a contar la misma historia. **c.** El niño vuelve a mentir. **d.** Vuelvo a nacer. **e.** Vuelven a cerrar la puerta. **f.** Volvemos a estar juntos. **g.** Vuelven a trabajar en Madrid. **h.** Usted vuelve a viajar a España. **i.** Volvemos a ser amigos. **j.** Volvemos a leer este libro.

2 **a.** Mi abuelo suele acordarse de mí. **b.** Suelo conducir una moto. **c.** Sueles perder tus llaves. **d.** Suelo sentarme en este banco. **e.** Solemos hacer deporte. **f.** Usted suele entender rápido. **g.** Soléis hablar francés. **h.** Sueles comer a las tres. **i.** ¿Sueles salir a bailar? **j.** Solemos estar en casa.

3 Ríes, reímos, ~~reín~~, reís, ~~riemos~~, río, ríen, ~~reo~~, ~~reí~~, ~~riéis~~, ríe, ~~rees~~.
Présent de l'indicatif de **reír** : río, ríes, ríe, reímos, reís, ríen.

4 **a.** ¿Por qué sonreís? ¿Pensáis en algo divertido? **b.** Tú, ¿cómo te despides de la gente: das un beso o das la mano? **c.** Mi hermano mide un metro noventa. **d.** Nosotros siempre vestimos pantalones vaqueros. **e.** Los niños siempre piden dinero a los padres. **f.** Camarero, ¿me sirve usted una cerveza, por favor? **g.** Si no repito muchas veces la conjugación, no me acuerdo.

5 **a.** Sirvo. **b.** Repetimos. **c.** Pides. **d.** Se despide. **e.** Miden. **f.** Usted ríe, señor. **g.** Sonreís, amigos míos. **h.** Visto.

6 **a.** ¿Qué estás diciendo? **b.** ¿Por qué está usted sonriendo? **c.** Mis hermanas se están vistiendo. **d.** No estamos pidiendo nada. **e.** Estoy repitiendo la lección. **f.** No estáis midiendo bien. **g.** Se está despidiendo de la abuela.

7 **a.** Entre París y Londres yo elijo París. **b.** ¿Seguís o abandonáis la carrera? **c.** Usted elige muy bien los colores con que viste. **d.** Estoy cansado: no sigo. **e.** Entre carne y pescado, nosotros elegimos pescado. **f.** Es un perro fiel: siempre sigue a su amo. **g.** Los gatos son independientes: no siguen a nadie. **h.** Eliges a tus amigos pero no a tus familiares.

8 **a.** Sigo escribiendo a mano. **b.** Siguen existiendo personas sin ordenador. **c.** Mi vieja pluma sigue sirviendo. **d.** Y tú, ¿sigues usando pluma y papel? **e.** Usted sigue haciendo las cosas como antes. **f.** Seguís siendo fieles al pasado. **g.** Seguimos sonriendo con las películas de Charlot.

8. Le subjonctif présent

1 **1re ligne :** cantar, cante, cantes, cante, cantemos, cantéis, canten. **2e ligne :** escribir, escriba, escribas, escriba, escribamos, escribáis, escriban. **3e ligne :** salir, salga, salgas, salga, salgamos, salgáis, salgan. **4e ligne :** vestir, vista, vistas, vista, vistamos, vistáis, vistan. **5e ligne :** pensar, piense, pienses, piense, pensemos, penséis, piensen **6e ligne :** leer, lea, leas, lea, leamos, leáis, lean. **7e ligne :** conocer, conozca, conozcas, conozca, conozcamos, conozcáis, conozcan.

2 **a.** Hola, abuela, este libro es para ti, para que lo leas pensando en mí. **b.** Quiero que vosotros le escribáis una bonita carta a la abuela. **c.** A la abuela no le gusta Mario: no quiere que su nieta salga con él. **d.** La abuela quiere que nosotros vistamos bien para su cumpleaños. **e.** Queremos que usted también conozca a la abuela. **f.** La abuela me llama muy a menudo para que siempre piense en ella. **g.** La abuela quiere que sus nietos le canten la canción del cumpleaños feliz.

3 Queridos Reyes Magos: Soy un niño bueno y obediente que quiere mucho a sus padres. Por eso quiero que me traigáis un tren eléctrico muy grande, con muchos vagones para que pueda jugar con todos mis amigos. Ah, si es posible, también quiero que vengáis antes del 6 de enero porque el 8 vuelvo al cole y mis padres no quieren que juegue cuando hay escuela. ¡Muchas gracias! Manolito.

4 **1re colonne :** traer, traiga, traigas, traiga, traigamos, traigáis, traigan. **2e colonne :** poder, pueda, puedas, pueda, podamos, podáis, puedan. **3e colonne :** venir, venga, vengas, venga, vengamos, vengáis, vengan. **4e colonne :** jugar, juegue, juegues, juegue, juguemos, juguéis, jueguen.

5 **a.** ¡Que viváis felices! **b.** ¡Que bailéis bien! **c.** ¡Que te diviertas! **d.** ¡Que vuelvas pronto!

6 **a.** ¡Ojalá tengan un buen viaje! **b.** ¡Ojalá viva usted muchos años! **c.** ¡Ojalá pueda asistir a tu cumpleaños! **d.** ¡Ojalá os guste esta paella! **e.** ¡Ojalá entiendas el problema! **f.** ¡Ojalá volvamos a España! **g.** ¡Ojalá los Reyes Magos traigan muchos regalos! **h.** ¡Ojalá sigas teniendo suerte!

7 **a.** No hablamos inglés. Qué lástima que no hablemos inglés. **b.** No bebéis cerveza. Qué lástima que no bebáis cerveza. **c.** No me gusta bailar. Qué lástima que no me guste bailar. **d.** No bailas bien. Qué lástima que no bailes bien. **e.** No conocen a mi hermana. Qué lástima que no conozcan a mi hermana. **f.** No oyes bien. Qué lástima que no oigas bien. **g.** No sirvo para nada. Qué lástima que no sirva para nada. **h.** No sonríen nunca. Qué lástima que no sonrían nunca.

8 **a.** usted / ¡No hagas eso! **b.** usted / ¡No comas paella! **c.** usted / ¡No leáis ese libro! **d.** tú / ¡No cierre la puerta! **e.** tú / ¡No se sienten aquí! **f.** usted / ¡No conduzcáis tan rápido! **g.** tú / ¡No digan palabrotas! **h.** tú / ¡No repita esa palabra!

9 **a.** Tal vez no abran por la tarde. **b.** Tal vez no comprenda el español. **c.** Tal vez no escribáis nunca cartas. **d.** Tal vez no hagas bien tu trabajo. **e.** Tal vez no lo reconozcamos. **f.** Tal vez no me despida de ellos. **g.** Tal vez no me entienda usted. **h.** Tal vez no os acordéis de él.

9. Conjugaisons irrégulières et emploi des modes

1 **a.** ir : subjonctif **b.** caber : indicatif **c.** saber : indicatif **d.** saber : subjonctif **e.** dar : indicatif **f.** oír : indicatif **g.** ir : indicatif **h.** ver : indicatif **i.** ver : subjonctif **j.** ser : subjonctif **k.** estar : subjonctif.

U	V	E	E	I	S	A	E
L	V	A	Y	A	M	O	S
C	A	B	E	N	U	I	T
O	I	T	O	M	S	S	É
I	S	Y	V	U	E	T	I
G	V	S	E	P	Á	I	S
O	E	I	A	R	I	S	O
D	O	Y	N	O	S	T	I

2 **a.** Este coche es muy espacioso: caben hasta seis personas. **b.** ¿Por qué vais siempre a Marbella? ¿Os gusta tanto la playa? **c.** Quiero que estéis en casa estudiando este fin de semana. **d.** Tal vez vayamos a Sevilla estas vacaciones. **e.** No sé dónde está esa calle, quizás lo sepáis vosotros. **f.** ¿Por qué no me ayudáis? No seáis tan perezosos. **g.** Ojalá lo vean mis ojos. **h.** Habla más alto, no te oigo bien. **i.** No te veo, ¿dónde estás? **j.** Te doy un libro para tu hermano.

3 **a.** Sois auténticos españoles: dormís la siesta por la tarde. **b.** Cuando su hijo le miente, el padre está furioso. **c.** Si hace mal tiempo, tal vez prefiramos quedarnos en casa. **d.** Estamos acostumbrados al frío: no lo sentimos. **e.** Qué pena que los toros mueran durante las corridas. **f.** Ojalá os divirtáis mucho durante la fiesta. **g.** No nos gusta ver películas en casa: preferimos salir. **h.** Siempre estáis de mal humor: no os divertís con nada. **i.** El padre no quiere que su hijo le mienta. **j.** Pone el radiador para que no sintamos frío. **k.** Ojalá durmáis bien esta noche. **l.** Algunas veces son los matadores los que mueren.

4 Réponses libres.

5 **a.** No creo que la tecnología haga más felices a los hombres. / ¡No creo que Internet aísle completamente a la gente! **b.** No pienso que los jóvenes de hoy solo piensen en su móvil. / ¡No pienso que muchos chicos y chicas colaboren en ONG's! **c.** No estoy convencido de que vivamos en un mundo que progresa sin cesar. / ¡No estoy convencido de que miles de personas mueran de hambre cada día! **d.** No estoy seguro de que entender de informática te ayude a conseguir un trabajo. / ¡No estoy seguro de que lo más importante sea tener una bonita letra! **e.** No es verdad que hoy la inmensa mayoría de la gente tenga un ordenador. / ¡No es verdad que en muchos países el ordenador siga siendo un lujo!

6 **a.** Me pregunto dónde vive. **b.** No sé por qué bebe. **c.** Creo que tienen dos hijos. **d.** Me parece que no trabajas. **e.** ¿Piensas que está enfermo?

7 **a.** Me pides que te ayude. **b.** Te pido que salgas. **c.** Nos pide que repitamos. **d.** Nos piden que abramos. **e.** Usted me pide que cante.

8 **a.** Le professeur nous dit de lire des livres en espagnol. **b.** Le professeur nous dit que nous lisons très bien. **c.** Le professeur nous dit que nous allons voir un film. **d.** Le professeur nous dit d'aller voir des films.

9 **a.** La madre le dice a su hijo que sea prudente con la moto. **b.** Le pide que no vaya muy rápido. **c.** El hijo le dice que no se preocupe. **d.** Le dice que él conduce siempre con prudencia. **e.** Le dice a su madre que duerma tranquila. **f.** Le dice que puede dormir tranquila.

10. L'ordre, l'obligation, la nécessité

1 **a.** Necesita un ordenador. **b.** ¿Me necesitas? **c.** No te necesito. **d.** ¿Necesita dinero, señor? **e.** Necesitamos a Carmen. **f.** Hace falta un ordenador para trabajar. **g.** ¿Hacen falta gafas de sol? **h.** Hacen falta gambas en la paella. **i.** Para hacer una tortilla, hacen falta huevos. **j.** ¿Hace falta pan?

2 **a.** ¿Hay que sentarse aquí? *Il faut s'asseoir ici ?* **b.** ¿Hace falta que compremos pan? *Il faut que nous achetions du pain ?* **c.** ¿Hace falta que venga Pedro? *Il faut que Pedro vienne ?* **d.** No hay que mentir. *Il ne faut pas mentir.* **e.** Hay que cerrar la puerta. *Il faut fermer la porte.* **f.** Hace falta que vuelvas. *Il faut que tu reviennes.* **g.** Hay que viajar a menudo. *Il faut voyager souvent.* **h.** Hay que leer libros. *Il faut lire des livres.* **i.** Hace falta que lo sepas. *Il faut que tu le saches.*

3 **a.** Hace falta que hablen con él. **b.** Hace falta que leamos este libro. **c.** Hace falta que seáis pacientes. **d.** Hace falta que sigas estudiando.

4 **a.** Tienes que hacer un esfuerzo. **b.** No tenéis que pedir ayuda. **c.** ¿Tengo que ir yo? **d.** Tenemos que estar tranquilos.

5

infinitif	hablar	decir	hacer	pedir	ir	cerrar
Tú	habla	di	haz	pide	ve	cierra
Vosotros	hablad	decid	haced	pedid	id	cerrad

6 **a.** No os oigo: ¡hablad un poco más alto, por favor! **b.** ¡Di la verdad! ¿Me quieres o no? **c.** ¡Niños, antes de jugar, haced los deberes para la escuela! **d.** Isabel, ¡ve a comprar el pan, por favor! **e.** ¡Cerrad bien la puerta! Os lo pido por favor. **f.** Hoy es tu cumpleaños: pide lo que quieres comer.

7 **a.** Contádsela. **b.** Llámalo. **c.** Póntela. **d.** Escribidlos. **e.** Probadlas. **f.** Dáselo. **g.** Entiéndela. **h.** Conducidlo.

8 **a.** Acuérdate de mí. **b.** Acordaos de él. **c.** Divertíos mucho. **d.** Diviértete en esa fiesta.

9 **a.** Tratamiento de tú **b.** Tratamiento de usted **c.** Tratamiento de usted **d.** Tratamiento de tú.

10 **a.** Haz deporte. **b.** Haced deporte. **c.** Haga deporte. **d.** Hagan deporte. **e.** Ten cuidado con el perro. **f.** Tened cuidado con el perro. **g.** Tenga cuidado con el perro. **h.** Tengan cuidado con el perro. **i.** Conduce lentamente. **j.** Conducid lentamente. **k.** Conduzca lentamente. **l.** Conduzcan lentamente. **m.** Ponte el cinturón. **n.** Poneos el cinturón. **o.** Póngase el cinturón. **p.** Pónganse el cinturón.

11. Aspects de la phrase simple

1 **a.** Es un río larguísimo. **b.** Hay muchísimos tipos de peces. **c.** Quedan poquísimas tribus primitivas. **d.** Es riquísima en recursos naturales. **e.** Es peligrosísima para el planeta. **f.** Es importantísimo proteger Amazonia.

2 **a.** Es la ciudad más poblada del mundo. **b.** Es el río más largo del mundo. **c.** Es el pájaro más ligero del mundo. **d.** Son los animales más longevos del mundo.

3 **a.** Me gusta mucho chatear en Internet. **b.** Me hago muchos amigos chateando. **c.** Me paso muchas horas conectado. **d.** Para los niños, Internet puede ser muy peligroso. **e.** Hay mucha información interesante en línea. **f.** Suelo perder mucho tiempo en Internet. **g.** Muchos chicos juegan en línea. **h.** El juego en línea provoca mucha adicción.

4 **a.** Hago poco deporte. **b.** Comes poco pescado. **c.** Son poco simpáticos. **d.** Somos poco pacientes. **e.** Compro pocos zapatos. **f.** Come poca carne. **g.** Escribes pocas cartas. **h.** Esta película es poco interesante.

5 **a.** ¡Juegas demasiado a la Play! **b.** ¡Te pasas demasiadas horas en Internet! **c.** ¡Te acuestas demasiado tarde! **d.** ¡Tienes demasiados amigos! **e.** ¡Soy demasiado paciente contigo! **f.** ¡Tienes demasiada libertad!

6 **a.** ¡Mentira! ¡Mis notas son bastante buenas. **b.** ¡Mentira! No tengo bastantes amigos. **c.** ¡Mentira! No eres bastante paciente conmigo. **d.** ¡Mentira! No tengo bastante libertad.

7

cariñoso	cariñosa	cariñosamente
ágil	ágil	ágilmente
triste	triste	tristemente
feroz	feroz	ferozmente
cómodo	cómoda	cómodamente
único	única	únicamente

a. Este perro es muy malo: ladra ferozmente a todos los que pasan. **b.** El perro está malo: me mira tristemente. **c.** El gato duerme cómodamente en el sofá. **d.** El gato salta ágilmente por la ventana. **e.** A los gatos les gusta que les acaricien cariñosamente. **f.** Las jirafas viven únicamente en Africa.

8 **a.** Es esencial estudiar los verbos. **b.** Está prohibido fumar en este bar. **c.** Esta palabra es imposible de pronunciar. **d.** A mí me es fácil aprender idiomas. **e.** No es fácil recordar las conjugaciones.

9 **a.** En Sevilla, la gente es muy simpática. **b.** Los estudiantes que residen en Sevilla están muy contentos. **c.** Muchos Erasmus van a Sevilla para estudiar. **d.** Cuando vuelven a su país, sienten nostalgia. **e.** ¿Dónde estás? ¿En casa? **f.** Ven a casa, te invito.

Lexique et lecture 2 : se déplacer

1 **a.** ida **b.** llegada **c.** billete **d.** fecha **e.** salida **f.** metálico **g.** gastos **h.** plaza **i.** precio **j.** vuelta **k.** reserva **l.** tarifa **m.** tren **n.** IVA **o.** coche.

2 **a.** Tres. **b.** Lo habla pero bastante mal. **c.** Frank quiere un billete de tren para París. **d.** El empleado de la taquilla no entiende bien a Frank.

3 **a.** El empleado no es sordo. **b.** Hay que hablar despacio. **c.** Veo a alguien detrás de Frank.

4 **a.** Hola, ¿vende usted billetes para trenes de cercanías? **b.** Cómprame dos entradas para el concierto de Bisbal, por favor. **c.** El billete de autobús es más barato que el de tren. **d.** En avión, si tienes billete de primera clase, ¡te dan champán gratis! **e.** Las entradas para las corridas de toros suelen ser bastante caras. **f.** Para esta obra de teatro, puedes comprar entradas en Internet.

5 **a.** Este joven oye muy bien: no hace falta que hable tan alto. **b.** Leo bastante bien el español pero no entiendo a la gente cuando habla demasiado rápido. **c.** Sube el volumen de la música, por favor : ¡no oigo nada! **d.** Este texto es demasiado difícil para mí: no entiendo nada. **e.** ¿Entiende usted lo que digo o se lo vuelvo a explicar? **f.** ¡Estoy en el tren! Hay mucho ruido. ¿Me oyes?

6 **a.** puerta. **b.** llave. **c.** sobrinos. **d.** aquí. **e.** precio. **f.** silla. **g.** perra. **h.** fin. **i.** Quisiera un billete sencillo para París, por favor. **j.** *Je voudrais un billet simple pour Paris, s'il vous plaît.*

7 **a.** Tratamiento de tú. **b.** Tratamiento de usted. **c.** Tratamiento de usted. **d.** Tratamiento de tú.

8 **a.** El colegio está en la calle Mayor. **b.** La biblioteca está en la calle San Miguel. **c.** La discoteca está en el Paseo de la Paz. **d.** El cine está en la calle Real.

9 Exemples de réponses :

– Por favor, ¿dónde está la biblioteca?

– Tienes que tomar la calle Real, seguir todo recto, tomar la segunda calle a la derecha y luego la primera a la izquierda: es allí.

Ou aussi :

– Toma la primera a la derecha, luego gira por la primera a la izquierda y sigue todo recto.

12. L'expression du futur

1 **a.** futur : haré / infinitif : hacer **b.** futur : regalaré / infinitif : regalar **c.** futur serás / infinitif : ser **d.** futur : harás / infinitif : hacer **e.** futur : ganarás / infinitif : ganar **f.** futur : seducirás / infinitif : seducir **g.** futur : tendrás / infinitif : tener.

2 **a.** haré, harás, hará, haremos, haréis, harán. **b.** regalaré, regalarás, regalará, regalaremos, regalaréis, regalarán.

3 **a.** ¿Me ayudarás a tocar la guitarra? **b.** Seremos famosos. **c.** No podré tocar esta partitura. **d.** Me diréis qué os parece esta guitarra. **e.** El público querrá que sigas tocando. **f.** No tendrán tiempo para aprender.

4 **a.** Me pregunto si vendrán. **b.** En cuanto te vea, te pagaré. **c.** No sabe si podrá venir. **d.** ¿Sabes cuándo saldrá su libro? **e.** Se pregunta dónde vivirá. **f.** El día que te pague, estarás contento. **g.** No sé si cantaremos. **h.** No sé cómo vestiré. **i.** Leeré su libro cuando salga. **j.** Mientras haga sol, iré a la playa.

5 **a.** Cuando hable bien español, iré a México. **b.** Cuando sea mayor de edad, conduciré una moto. **c.** Cuando las aprendas, sabrás las conjugaciones. **d.** Cuando estudie, este chico tendrá buenas notas. **e.** Cuando haga sol, irán a la playa.

6 **a.** *La personne que vous cherchez n'habite pas ici : ça doit être une erreur.* **b.** *Pedro a appelé dix fois : il doit vouloir te dire quelque chose d'important.*

7 **a.** Quizás esté repasando un examen. **b.** Estará repasando un examen. **c.** A lo mejor no tiene cobertura el móvil. **d.** No tendrá cobertura el móvil. **e.** Quizás vaya al gimnasio. **f.** A lo mejor va al gimnasio.

8 **a.** La mujer a quien (a la que, a la cual) me dirijo es mi profesora. **b.** El barrio en el que vivo es muy simpático. **c.** La moto con la que (con la cual) reparto pizzas es verde. **d.** La chica de quien (de la que, de la cual) te hablo es mi vecina.

9 **a.** La ciudad donde / en que se pasan las vacaciones está a la orilla del mar. **b.** Me acuerdo muy bien de la noche en que te conocí. **c.** ¿Cuál fue el año en que el Barça ganó la Champions? **d.** Esta es la casa donde / en que me gustaría vivir.

10 **a.** Ven cuando puedas. **b.** El primero que llame tendrá un coche. **c.** El día que vengas, estaré contento. **d.** Querré al hombre que me entienda.

13. Les temps du passé

1 **1re ligne :** jugar, jugaba, jugabas, jugaba, jugábamos, jugabais, jugaban. **2e ligne :** estar, estaba, estabas, estaba, estábamos, estabais, estaban. **3e ligne :** hacer, hacía, hacías, hacía, hacíamos, hacíais, hacían. **4e ligne :** decir, decía, decías, decía, decíamos, decíais, decían. **5e ligne :** divertirse, me divertía, te divertías, se divertía, nos divertíamos, os divertíais, se divertían.

2 **a.** En mi época, yo no iba tanto al cine. **b.** Cuando tenía quince años, yo no era tan libre. **c.** Cuando éramos pequeños, nosotros no veíamos tanto la tele. **d.** Los mayores oían la radio y los niños jugaban en la calle.

3 Toda la familia estaba en el salón: era la hora de la comida y todos estaban viendo la tele. A veces, los padres y los hijos no estaban de acuerdo: unos eran partidarios de ver las series y otros estaban a favor del telediario. Pero el padre siempre estaba de mal humor y además era muy autoritario, de modo que siempre era él quien decidía.

4 pagué, ~~escribe~~, contó, cerró, contamos, cerraron, escribimos, bebí, ~~bebemos~~, ~~contéis~~, ~~juegue~~, escribiste, pagasteis, ~~cierro~~, bebió.

5 **a.** Bailar : bailé, bailaste, bailó, bailamos, bailasteis, bailaron. **b.** Pensar : pensé, pensaste, pensó, pensamos, pensasteis, pensaron. **c.** Volver : volví, volviste, volvió, volvimos, volvisteis, volvieron.

V	T	L	E	Ó	N	T	E
T	O	M	I	E	R	O	N
B	A	L	P	E	N	S	É
A	M	I	V	U	A	S	O
I	I	L	I	I	E	T	E
L	C	Y	V	G	S	U	R
I	H	C	I	U	R	T	U
Ó	U	T	Ó	E	L	L	E

6 **a.** El año pasado no ayudaste en casa, pero este año vas a ayudar. **b.** El curso pasado no leí pero este año voy a leer. **c.** El año pasado perdisteis mucho tiempo en Internet, pero este año no vais a perder tanto. **d.** El año pasado mi hermano jugó mucho al fútbol, pero este año no va a jugar tanto.

7 **a.** no saber la respuesta ➜ no escribir nada **b.** la puerta / estar cerrada ➜ entrar por la ventana **c.** no quedar café ➜ preparar un té **d.** María / no contestar al teléfono ➜ llamar a su puerta **e.** no haber billetes de avión ➜ viajar en tren **f.** no tener ganas de salir ➜ decidir ver una serie en la tele **g.** el ascensor / no funcionar ➜ subir por las escaleras **h.** el título/ parecer interesante ➜ abrir el libro **i.** yo / querer trabajar en Madrid ➜ aprender español **j.** el programa / no ser interesante ➜ apagar la tele.

8 **a.** Como no sabía la respuesta, no escribí nada. **b.** Como la puerta estaba cerrada, entré por la ventana. **c.** Como no quedaba café, preparé un té. **d.** Como María no contestaba al teléfono, llamé a su puerta. **e.** Como no había billetes de avión, viajé en tren. **f.** Como no tenía ganas de salir, decidí ver una serie en la tele. **g.** Como el ascensor no funcionaba, subí por las escaleras. **h.** Como el título parecía interesante, abrí el libro. **i.** Como quería trabajar en Madrid, aprendí español. **j.** Como el programa no era interesante, apagué la tele.

9 **a.** Yo no he abierto la puerta. **b.** Habéis vuelto de las vacaciones cansados. **c.** ¿Le has escrito a la abuela? **d.** No hemos podido venir a tu cumpleaños. **e.** ¿Ustedes han pedido pescado?

10 **a.** No encuentro las llaves: ¿dónde las habéis puesto? **b.** No estoy contento contigo: no has hecho tus deberes. **c.** ¿Quién ha visto mis gafas? **d.** Te he dicho mil veces que no te pases horas con el ordenador. **e.** Muchas gracias por la invitación: hemos comido muy bien. **f.** Te han llamado Carmen y Juan.

11 **a.** Ya (*ou* todavía no) he viajado en avión. **b.** Ya (*ou* todavía no) he comido paella. **c.** Ya (*ou* todavía no) he visto una película española en VO. **d.** Ya (*ou* todavía no) he hecho autoestop. **e.** Ya (*ou* todavía no) he cantado flamenco. **f.** Ya (*ou* todavía no) he tenido un diario íntimo. **g.** Ya (*ou* todavía no) he estado enamorado. **h.** Ya (*ou* todavía no) me he bañado en el Atlántico. **i.** Ya (*ou* todavía no) he hecho un discurso. **j.** Ya (*ou* todavía no) he subido en globo. **k.** Ya (*ou* todavía no) he actuado en una obra teatral. **l.** Ya (*ou* todavía no) he ido a América latina.

14. Les temps du passé (suite)

1 **a.** A los diez años tuve mi primera bicicleta. **b.** Eres una mentirosa: ¿por qué no me dijiste la verdad? **c.** ¿Por qué no vinisteis a mi cumpleaños? **d.** Ayer hizo bastante sol. **e.** Había demasiada gente y no pudieron entrar en el estadio. **f.** La semana pasada fuimos a ver a la abuela.

V	I	N	I	S	T	E	I	S
P	H	I	L	T	O	R	F	A
I	U	P	B	R	A	Z	Y	T
T	E	D	I	J	I	S	T	E
O	B	L	I	L	C	H	U	S
H	R	U	T	E	S	O	V	I
I	M	A	L	L	R	H	E	J
Z	U	F	U	I	M	O	S	T
O	Q	U	O	T	N	A	N	I

2 **a.** Cristóbal Colón descubrió América pero no fue él quien le dio su nombre al Nuevo Mundo. **b.** Midió mal la circunferencia de la Tierra, por eso el viaje duró más de lo previsto. **c.** Repitió el viaje a América cuatro veces y murió en Valladolid. **d.** Los españoles introdujeron nuevas enfermedades en América. **e.** Destruyeron las antiguas culturas precolombinas y construyeron otra civilización.

3 **a.** Cuando abrí el periódico, fui directamente a la página de deportes. **b.** Cuando llegué a México, noté que el acento era diferente del de España. **c.** Cuando vimos que no hacía sol, decidimos quedarnos en casa.

4 **a.** Al volver a casa, el padre vio que su hijo estaba escuchando música. **b.** Al oír ruido, miraron por la ventana. **c.** Al morir, dejó todo su dinero a una ONG.

5 **a.** Le passé simple. **b.** Le passé composé. **c.** Le futur proche. **d.** Le futur simple.

6 **a.** Antes de ayer, Belén comió con don Andrés y fue al cine con Pepa y Emilia. **b.** Ayer, Belén trajo los periódicos a la tienda y escribió a Carlota. **c.** Esta mañana, Belén ha ido al médico y esta tarde va a despedirse de Pedro. **d.** Mañana, Belén dará un paseo en bici con Isa y pondrá en el facebook las recomendaciones del librero. **e.** Pasado mañana, Belén hará la mochila de Isa para la excursión y saldrá con Juan Carlos.

7 **a.** ¿Podría utilizar tu móvil? **b.** ¿Sería posible vernos más tarde? **c.** Desearíamos un móvil más barato. **d.** ¿Estaríais dispuestos a ayudarnos? **e.** ¿Me harías un favor? **f.** ¿Me dirías la respuesta?

8 **a.** Estos niños pensaban que de mayores serían futbolistas. **b.** ¿Te imaginabas que un día tendrías nietos? **c.** El profesor decía que pronto sabríamos hablar español. **d.** Mi abuelo creía que los extraterrestres nos invadirían. **e.** Estaba convencido de que me haría este favor.

15. La phrase complexe au passé

1

Passé simple		
pedir	**leer**	**tener**
pedí	leí	tuve
pediste	leíste	tuviste
pidió	leyó	tuvo
pedimos	leímos	tuvimos
pedisteis	leísteis	tuvisteis
pidieron	leyeron	tuvieron

Subjonctif imparfait		
pedir	**leer**	**tener**
pidiera	leyera	tuviera
pidieras	leyeras	tuvieras
pidiera	leyera	tuviera
pidiéramos	leyéramos	tuviéramos
pidierais	leyerais	tuvierais
pidieran	leyeran	tuvieran

2 **a.** Te llamo para que vengas a ayudarme. **b.** Quiero que alguien me diga cómo usar este programa. **c.** Le pido al servicio técnico que me explique lo que pasa. **d.** Me dicen que ojalá sea solo un problema material. **e.** Yo les digo que tal vez tenga algún virus el ordenador.

3 **a.** No hacía falta que compraras el pan. **b.** Te di dinero para que fueras a hacer la compra. **c.** No quería que volvieras a traer chorizo. **d.** No creía que necesitáramos más vino. **e.** Te pedí sobre todo que pensaras en el chocolate.

4 **a.** Hago como si me gustara el cine. **b.** Hizo como si se acordara de mí. **c.** Hacen como si durmieran. **d.** Hace como si supiera la respuesta.

5 **Imparfait du subjonctif :** pusieran, hiciera, condujeras, oyeras. **Conditionnel :** habría, iríamos, costaría, encantaría.

6 **a.** Si todos se pusieran el cinturón de seguridad, habría menos accidentes graves. **b.** Si hiciera mejor tiempo, iríamos a la playa. **c.** Si condujeras más despacio, el coche te costaría menos en gasolina. **d.** Si oyeras cómo toca la guitarra, te encantaría.

7 **a.** No es mayor de edad. Hace como si fuera mayor de edad. **b.** Si Pedro estuviera aquí, nos ayudaría. **c.** No duerme, hace como si estuviera durmiendo. **d.** Si no estuviera tan cansado, te acompañaría. **e.** Si estuviera de mejor humor, iría al cine. **f.** ¡Aprender chino! Como si fuera tan fácil.

8 **a.** Si estuviera enfermo, iría al médico. **b.** Si supiera de informática, no tendría tantos problemas con el ordenador. **c.** Si tuviera tu número de móvil, te mandaría mensajes. **d.** Si visitara México, subiría a las pirámides. **e.** Si viviera en Argentina, cruzaría la Pampa a caballo. **f.** Si durmiera más, estaría más relajado.

9 **a.** Transposition : Aunque tuviera tiempo, no te ayudaría. **b.** Traduction : *Même si j'avais le temps, je ne t'aiderais pas.* **c.** Transposition : Aunque hiciera mal tiempo, iría a correr. **d.** Traduction : *Même s'il faisait mauvais temps, j'irais courir.* **e.** Transposition : Aunque estuviera enfermo, trabajaría. **f.** Traduction : *Même si j'étais malade, je travaillerais.* **g.** Transposition : Aunque vivieras cien años, no leerías todos los libros. **h.** Traduction : *Même si tu vivais cent ans, tu ne lirais pas tous les livres.* **i.** Transposition : Aunque escribieras veinte libros, no serías célebre. **j.** Traduction : *Même si tu écrivais vingt livres, tu ne serais pas célèbre.*

10 **a.** Digas lo que digas, no te creeré. **b.** Vayas donde vayas, te seguiré. **c.** Sea cuando sea, esta tarde o esta noche, tengo que verte. **d.** Llame quien llame, no estoy. **e.** Bailes como bailes, bien o mal, me gusta bailar contigo.

11 **a.** Digan lo que digan mis amigos, lo haré. **b.** Venga quien venga a esta fiesta, yo no iré. **c.** Conduzca como conduzca, rápido o despacio, siempre tengo accidentes. **d.** Las ponga donde las ponga, siempre pierdo las llaves. **e.** Llames cuando llames, aunque sea tarde, te contestaré.

16. L'auxiliaire et les temps composés

1 **a.** Voix passive **b.** Voix active **c.** Voix active **d.** Voix passive **e.** Voix passive **f.** Voix passive **g.** Voix active **h.** Voix passive.

2 **a.** El viento abrió la puerta. **b.** He sido invitado por mi primo para su cumpleaños. **c.** Estos cuadernos de ejercicios han sido escritos por Juan. **d.** Muchas personas utilizan estos cuadernos. **e.** El año que viene, Assimil publicará otro cuaderno. **f.** El público aprecia mucho a estos autores. **g.** Las personas que saben idiomas son contratadas por las empresas. **h.** Ojalá la empresa no despida a mis amigos.

3 **a.** Para llegar a casa, lo mejor es que pases por aquí. **b.** He reservado una mesa para cuatro personas. **c.** No me gusta trabajar por la noche. **d.** Viene a verme una vez por año. **e.** ¿Por dónde estará? Hace días que no lo veo. **f.** ¿Estás cansado? Esto te pasa por acostarte tan tarde. **g.** Por su capacidad, es un coche para familias numerosas. **h.** ¿Me podrías entregar el trabajo para el martes?

4 **a.** Para comer una buena paella, ve a este restaurante. **b.** He traído algo para ti. **c.** El deporte es bueno para la salud. **d.** He viajado por España este verano. **e.** Por la mañana, tomo café. **f.** Para ti, ¿cuál es la mejor película? **g.** Quiero este trabajo para mañana.

5 **a.** Juan se ha arruinado con el juego. **b.** Soy español, he nacido en Sevilla. **c.** Como la puerta estaba cerrada, he entrado por la ventana. **d.** Juan está insatisfecho con el resultado del partido. **e.** Yo he cerrado bien la puerta: ¿por qué está abierta? **f.** Como hacía buen tiempo, hemos salido a pasear. **g.** La empresa lo ha despedido: no tiene trabajo y está desesperado. **h.** ¡Si mis gafas están rotas es que alguien las ha roto!

6 **a.** Hemos subido para verte. **b.** Han vuelto para comprar el pan. **c.** Las puertas están bien cerradas. **d.** La puerta fue (ou ha sido) abierta por el viento. **e.** Esta película fue (ou ha sido) vista por muchas personas. **f.** Este libro está bien escrito. **g.** Mis gafas están rotas.

7 **a.** Si fuera más alto, jugaría al baloncesto. **b.** Si mi móvil tuviera cobertura, te escribiría un mensaje. **c.** Si hiciera mal tiempo, me pondría la gabardina. **d.** Si supiera hablar español, haría un gran viaje por América latina. **e.** Si tuviera la llave, abriría la puerta.

8 **a.** Si hubiera sido más alto, hubiera (ou habría) jugado al baloncesto. **b.** Si mi móvil hubiera tenido cobertura, te hubiera (ou habría) escrito un mensaje. **c.** Si hubiera hecho mal tiempo, me hubiera (ou habría) puesto la gabardina. **d.** Si hubiera sabido hablar español, hubiera (ou habría) hecho un gran viaje por América latina. **e.** Si hubiera tenido la llave, hubiera (ou habría) abierto la puerta.

9 **a.** Si no hubiera comprado este cuaderno, no habría repasado la gramática. **b.** No había hecho tantos ejercicios en mi vida. **c.** Cuando haya repasado toda la gramática, hablaré bastante mejor español. **d.** Siempre me ha encantado aprender idiomas.

Lexique et lecture 3 : s'habiller

1 D / C / A / E / B.

2 **a.** Los dos personajes de este diálogo son una madre y su hija. **b.** La joven que habla va a ir a una fiesta. **c.** Según ella, sus amigas van a vestir un top y una minifalda. **d.** No quiere ponerse las faldas que tiene porque no son de marca.

3 **a.** Quelque chose de ridicule **b.** Quelle bêtise ! **c.** Eh bien je ne sais pas… **d.** Elle est bien mignonne.

4 **a.** Tu falda será de Continente pero es monísima. **b.** Todas mis amigas van de marca. **c.** Tu armario está lleno de vestidos y de minifaldas. **d.** No quiero ir vestida así a una fiesta. **e.** ¿Cómo puedes decir que no tienes nada que ponerte?

5 **a.** cazadora **b.** zapatos **c.** camisa **d.** vaqueros **e.** falda **f.** pantalón **g.** vestido **h.** chándal **i.** chaqueta.

6 **a.** Paella. **b.** Suegra. **c.** Quince. **d.** Ese. **e.** Amistad. **f.** Horas. **g.** Usted. **h.** Oye. **i.** Assimil espera que le haya gustado este cuaderno. **j.** *Assimil espère que vous aurez aimé ce cahier.*

Bravo, vous êtes venu à bout de ce cahier ! Il est temps à présent de faire le point sur vos compétences et de comptabiliser les icônes afin de procéder à l'évaluation finale. Reportez le sous-total de chaque chapitre dans les cases ci-dessous puis additionnez-les afin d'obtenir le nombre final d'icônes dans chaque couleur. Puis découvrez vos résultats !

	🙂	😐	☹️
1. Les signes et les sons			
2. Articles, noms, adjectifs et numéraux			
3. Le pronom personnel et la conjugaison			
4. Les possessifs, les démonstratifs, les indéfinis			
5. *Ser, estar* et la forme progressive			
6. Le présent irrégulier et la phrase simple			
Lexique et lecture 1 : identité et famille			
7. Nuances de l'action et présent irrégulier			
8. Le subjonctif présent (formation, emplois)			
9. Conjugaisons irrégulières et emploi des modes			
10. L'ordre, l'obligation, la nécessité			
11. Aspects de la phrase simple			
Lexique et lecture 2 : se déplacer			
12. L'expression du futur			
13. Les temps du passé			
14. Les temps du passé (suite)			
15. La phrase complexe au passé			
16. L'auxiliaire et les temps composés			
Lexique et lecture 3 : s'habiller			
Total, tous chapitres confondus			

Vous avez obtenu une majorité de...

🙂 **¡Matrícula de honor!** Vous maîtrisez maintenant les bases de l'espagnol, vous êtes fin prêt pour passer au niveau 3 !

😐 **No está mal...** Mais vous pouvez encore progresser ! Refaites les exercices qui vous ont donné du fil à retordre en jetant un coup d'œil aux leçons !

☹️ **¡Ánimo!** Vous êtes un peu rouillé... Reprenez l'ensemble de l'ouvrage en relisant bien les leçons avant de refaire les exercices.

Crédits : photo pages 38 et 74 / © MS, photo page 41 / © Stock.xchng, Illustrations / © MS.

Création et réalisation : MediaSarbacane

N° d'édition : 4409 - Novembre 2024

ISBN : 978-2-7005-0992-2

www.assimil.com

Imprimé en Roumanie par Master Print